郵 便 は が き

５３０－８７９０

１５４

料金受取人払郵便

大阪北局
承認
1059

差出有効期間
平成32年5月31日まで
※切手を貼らずに
お出しください。

大阪市北区兎我野町15－13

ミユキビル

フォーラム・Ａ

愛読者係　行

|‖|‖|‖‖‖‖‖‖‖‖‖‖‖‖‖‖‖‖‖‖‖‖‖‖‖‖‖‖‖‖‖‖|‖|

愛読者カード　ご購入ありがとうございます。

フリガナ		性別	男 ・ 女
お名前		年齢	歳
TEL FAX	（　　　）	ご職業	
ご住所	〒　　－		
E-mail	＠		

ご記入いただいた個人情報は、当社の出版の参考にのみ活用させていただきます。
第三者には一切開示いたしません。

□学力がアップする教材満載のカタログ送付を希望します。

●ご購入書籍・プリント名

●本書（プリント含む）を何でお知りになりましたか？（あてはまる数字に○をつけてください。）
　　1．書店で実物を見て　　　　　　　　2．ネットで見て
　　　　（書店名　　　　　　　　　　　）
　　3．広告を見て　　　　　　　　　　　4．書評・紹介記事を見て
　　　　（新聞・雑誌名　　　　　　　　）　　（新聞・雑誌名　　　　　　　　　）
　　5．友人・知人から紹介されて　　　　6．その他（　　　　　　　　　　　）

●本書の内容にはご満足いただけたでしょうか？（あてはまる数字に○をつけてください。）

たいへん
満足 ├──────┼──────┼──────┼──────┤ 不満
　　　　5　　　　4　　　　3　　　　2　　　　1

●ご意見・ご感想、本書の内容に関してのご質問、また今後欲しい商品の
　アイデアがありましたら下欄にご記入ください。
　おハガキをいただいた方の中から抽選で10名様に2,000円分の図書カード
　をプレゼントいたします。当選の発表は、賞品の発送をもってかえさせ
　ていただきます。
　ご感想を小社HP等で匿名でご紹介させていただく場合もございます。　□可　□不可

小社の出版物はお近くの書店にご注文ください。　　　　　　ご協力ありがとうございました。

\ この1冊で、始められる！深められる！ /

まいにち！「学び合い」

川西弘幸 著

フォーラム・A

１年間実践をつづける大切さ
～なぜ「１年間」なのか？～

　この本を手に取ってくださった方は程度の違いこそあれ、『学び合い』に関心をもたれている方達だろうと思います。

　この本は、「『学び合い』スタイルの授業」（こういう書き方が正しいかどうかはいろいろご意見があるとは思いますが、あえてこう書きます）で、初心者でも１年間を通すことができるよう、ちょっと前から実践をしているという立場からのアドバイス集として書かせていただきました。

　私自身、はじめて学級担任として『学び合い』スタイルを実践した１年目は、いつも心のどこかに不安を抱えていました。今から10年近く前の話です。何しろ「人と違うこと」をやっているのですから、「失敗したらどうしよう」、「結果を出せなかったらどうしよう」と考えるのは当たり前です。

　それでも、なんとか試行錯誤をしながら『学び合い』で１年間を通して２年目を迎えたときに、１年目とくらべてずいぶん気持ちが楽になっている私がいました。自分の中に「とりあえず１年間つづけることができた」という足場ができたのです。ここからはその足場をもとに、自分のできることを増やしていけばいいと思えたのです。

　この本は、４月から『学び合い』スタイルに挑戦する場合には、という体裁で書かれています。が、時期は必ずしも絶対ではありません。１つの目安ととらえて下さい。そして、ほとんどすべての授業を『学び合い』でしているような形を取っていますが、それを強制するものでもありません。

　「週に１時間だけ取り組む」、「取り組めそうな教科で取り組む」、「単元の中で１回だけ取り組む」どんな形でも構いません。できること、できる範囲から取り組んで、まずは１年間つづけてみましょう。

　この本が、そんなあなたを少しでも応援することができますように。

2018年１月15日　川西弘幸

もくじ

1年間実践を
つづける大切さ
〜なぜ「1年間」なのか？〜……2

\はじめる！/
1学期
クラスの土台を固める

3月
1年間『学び合い』を
つづけるための
準備をする……8

4月
1学期の見通しをもつ！……13
「はじめの語り」をする！………15
発信しつづける！……………………18
崩れないようにするために必要なことは？……24
課題をつくる！………………………28
「可視化」をする！…………………38
クラスを「見取る」！………………40
途中で語る！〜授業のおわりに〜……47
参観日・懇談会をマイナススタートとしない……53

3

5月
ここで絶対に見逃しては
いけない子どもの姿とは？ ………… 55

要注意！ 失敗する『学び合い』とは？ ……… 61

6月
チェックしてみる！①
〜クラスの様子を〜 ……………………… 64

7月
学期を
まとめる！ ………………………………… 75

『学び合い』当たり前リスト① ……… 77

夏休み中にしておきたい
こととは？ ………… 80

8月

\ つづける！ /
2学期
さらにクラスを高める

学期はじめに
「語り直す」！
……… 83

9月

チェック
してみる！②
〜自分自身を〜 ………… 85

10月

「こだわらない」からうまくいく！ ……………… 89

さらにステップアップを
ねらう！ ····· 93

11月·12月

『学び合い』で授業以外での考え方も変わる！
·· 103

『学び合い』当たり前リスト② ······· 105

1月·2月

チェックしてみる！③
〜再度、クラスの様子を〜 ··········· 108

3月

3学期にできる
こととは？ ······· 114

まとめ、
つなげるために
最後に「語る」！
················ 117

＼ まとめる！ ／

3学期

次の学年につなげる

『学び合い』当たり前リスト③ ······· 121

① 漢字の指導はどうしていますか？ …………124

② 宿題をどうしていますか？ ………………126

③ ノート指導はどうしていますか？ …………127

④ 発表する力はどうつけたらいいですか？…128

＼こたえる！／

Q&A

こんなときどうする!?

⑤ 時間がたりなく
なりませんか？ ……129

⑥ 効果的な言葉かけ、
声かけ、語りは
ありませんか？ ……131

⑦ 机の配置は
どうして
いますか？ …………133

⑧ 周りに認めてもらうには
どうしたらいいですか？ ……134

⑨ 周りを不安にしないためには、
どうしたらいいですか？ ……………136

⑩『学び合い』で
「まいにち」過ごせました！ ……………138

おすすめ書籍一覧 …………139

『学び合い』フローチャート ……140

あとがき ………………………………142

\ はじめる! /

1学期

クラスの土台を固める

3月 1年間『学び合い』をつづけるための準備をする

毎年確認する 〜『学び合い』の「願い」と3つの「観」〜

「1人も見捨てない」という言葉は『学び合い』にふれたことのある方なら、1度ならず目にしたことのある言葉でしょう。

説明するまでもないことかもしれませんが、『学び合い』は上越教育大学大学院教授の西川純先生が提唱したものです。そして『学び合い』は**「1人も見捨てない」**という「願い」を実現するための考え方です。

この考え方は、以下の3つの「観」であらわされます。

Point!

- ☐ 学校観「学校は、多様な人と折り合いをつけて自らの課題を達成する経験を通して、その有効性を実感し、より多くの人が自分の同僚であることを学ぶ場である」
- ☐ 子ども観「子ども達は有能である」
（子どもに「達」がついていることが重要）
- ☐ 授業観「教師の仕事は、目標の設定、評価、環境の整備で、教授（子どもから見れば学習）は子どもに任せるべきだ」

この「願い」と3つの「観」をきちんと読んで、自分なりの言葉でかみ砕いてみることが必要になります。なぜなら、この考え方をおろそかにしたまま見た目が『学び合い』的な授業を行えても、そのままでつづけることは絶対にできないからです。必ず行き詰まるときが来るのです。

私は『学び合い』の大きな特徴の1つを、実践者が「スーパー教師」を目指すことを前提にしていないことだと思っています。「ごく平凡な、その辺にいるあなたや私」が実践するのですから、困ったことやわからないこと、失敗などは必ずあるでしょう。そんなとき、この「願い」と3つの「観」は、

自分の日々の実践をふり返る際のものさしになってくれるはずです。しっかり実践できている人こそ必要としている考え方なのです。

はじめる前に、セルフチェック！

『学び合い』の考え方に立った実践を1年間つづけようとするなら、事前に「セルフチェック」をしておくことをおすすめします。

私自身は『学び合い』が特別なものだとは思っていません。ただ、周りの人にとっての「見え方」は必ずしもそうではありません。

子ども達はウロウロと立ち歩いているし、先生はそれを制止するどころか、しゃべりません。おまけにただ立っているか、教室の中をウロウロとしているだけです。しかも、板書がされているわけでもないのです。

外からこんな学級を見たら、学級崩壊をしていると考えてしまっても無理もないかもしれません。

また、従来型の授業で何か問題があったとき、その原因は、教師個人の力量やクラスの実態などに求められることが多いと思います。しかし、『学び合い』を実践している場合は、その「授業形式」自体に目を向けられてしまいやすいのです。

1年間『学び合い』を無理なくつづけるために、自分自身や自分を取り巻く環境はどのような状態なのか、以下をチェックすることがおすすめです。

Point!

- ☐ 授業をする立場である自分自身の考え方や授業力をチェック。
- ☐ 自分を取り巻く、職場、特に管理職はどのような人かチェック。
- ☐ クラスの子ども達の様子をチェック。

これらを毎年改めてチェックすることは、決して無用のことだとは思いません。むしろこれらは特別なことではなく、だれもがいつも「なんとなく」やっていることだと思います。要はそれを意識してこの時期にやっておこうということです。これらについて詳しく説明します。

自分自身の考え方や授業力をチェック！

『学び合い』は再現性が高く、やろうと思えばだれでもやれますが、次の

ことに思い当たるかどうかをこれを機会にチェックしてみましょう。

Point!

□ 「あの子はできなくてもしょうがない。」と考えがちではないか。

子どもは多様です。全般的に勉強が苦手な子もいれば、特定の教科が苦手な子もいます。そのとき、「あの子はできなくてもしょうがない。」と思ってしまうと、そこで思考停止をしてしまいます。そもそも、そこを何とかするのが（建前であっても）教師の仕事ですよね。このような見方をしているようでは、『学び合い』は絶対にうまくはいきません。

Point!

□ 子どもの学習結果や行動を保護者のせいにしてはいないか。

先ほどと同じで、「それを言っちゃ、おしまいだよね。」です。保護者が非協力的でも、それを言い訳にしていては思考停止してしまいます。ましてや、毎日関わっている教師が関係ないわけないですよね。

Point!

□ 1時間の授業を、一応でも成立させることができるか。

もちろん授業名人である必要はありません。逆に授業名人を「自負」している方は、『学び合い』自体を志向しないかもしれません。ただ、1時間の授業を成立させることができるくらいの力量がないと、『学び合い』でもなかなかうまくはいきません。

授業の中で「子どもが話を聞くことができるようにできる」、「子どもの様子を見取ることができる」、「全体に伝わるように話すことができる」、「教材を読んで、大切なことを（自分なりにでよいので）おさえることができる」。これらのことは、従来型の授業であろうと、『学び合い』の授業であろうと教師にとって必要な力なのです。

職場、特に管理職はどのような人かチェック！

『学び合い』はまだ「新しい試み」のうちです。自分がある程度力量を認められて、いろいろなことを任されている立場なのか、若手なのか、中堅な

のか、ベテランなのか、それによって「取り組みやすさ」は違ってきます。

簡単に言えば、「やりやすい」職場・管理職かどうか、ということです。

一番理想的な職場は『学び合い』の実践者がいることでしょう。実際に自分がつまずいたり、悩んだりしたときに、直接話を聞いてもらったり、アドバイスを受けたりすることができます。

管理職をタイプ別に分けて取り組みやすさを考えてみました。おおむねこのように分かれるかな、と思います。皆さんの職場ではいかがでしょうか。

1 「太っ腹」タイプ

『学び合い』に関わらず、こういう人が上にいると仕事がやりやすいですよね。新しい試みに対しても「いいと思ったらどんどんやってみよう。」と認めてくれる、最終的に頼りになるタイプです。こういう人のもとなら、思い切ってどんどんやってみることができます。まさに、チャンスです。

2 「結果が一番」タイプ

一番多いタイプではないでしょうか。結果さえ出せば別に何も言わない。当たり前に評価をしてくれる、そういうタイプです。

別に難しいことはありません。結果を出せばいいのですから。大切なのは、出た結果をきちんと知ってもらうようにするということです。

3 「自分の好み・考え方が最優先」タイプ

一番やっかいなタイプです。結果よりもやり方が自分の好み・考え方にあっているかどうかが大切な人です。こういう人のもとでは「結果」をアピールしても何も変わりません。むしろ悪化することもあります。覚悟を決めて「隠れキリシタン」状態でうまくやっていく方法を探りましょう。

また、大前提としてどのタイプであろうが、職場であなたが嫌われてしまってはうまくいくものもうまくいきませんよね。管理職や同僚と仲良くとまではいかなくても、嫌われない努力は必要だと思います。

クラスの子ども達の様子をチェック！

「クラスにどんな子がいるか」は特に問題ではありません。前年度からの引き継ぎなどで、いろいろな情報が入ってくるでしょうが、あくまで参考程度にとどめておきましょう。もちろん、絶対に確認しておくことはありますよね。「アレルギーなどの健康に関わること」や「家庭の状況」などは、教

師の不注意が大きな問題となることがありますから。

それ以外で確認しておいた方がよいことが３つあります。

□ クラスの人数

Point!

30〜40人クラスくらい人数が多いと、『学び合い』においてもっとも大切な多様性が担保されたも同然です。実際、40人クラスのときが一番楽でした。子ども同士いろいろなつながりができますし、もしもケンカなどでお互いに気まずくなることがあっても、別の子とつながることができます。

要注意なのは10人以下のクラスのときです。本当はそうではないのですが、10人以下のクラスだと教師は全員に目が行き届くような気がしてしまいます。また、少しがんばれば全員を教師の力で何とかできるような気もしてしまうのです。そして、そのようなクラスの子ども達はそういった経験から、教師に「何とかしてもらう」ことに慣れた子ども達であり、能動的に学ぶ『学び合い』になじむまでに時間がかかる子ども達でもあります。

□ 「手のかからない」クラス

Point!

こうしたクラスも要注意です。同じく教師の指示にしたがうことに慣れている子ども達である可能性が高く、『学び合い』になじむまでに時間がかかります。「先生は何もしてくれない。」という不満さえ抱くことがあります。

□ 前年度「学級崩壊していた」クラス

Point!

「エーッ！」と思うかもしれませんが、こんなクラスはラッキーです。少なくとも前年度からそうだったのですから「学級を荒らした」張本人にされることはありません。また、今以上に悪くなることも考えにくいです。そして、そういうクラスには、現状をどうにかしたいと考えている子も何人かは必ずいるはずだからです。

私は「やりやすいクラス」と引き継ぎのときに言われたり、「少人数のクラス」と言われるとドキドキしてしまいます。

1学期の見通しをもつ！

授業・行事の見通しをもつ！

　これは『学び合い』だからというわけではありませんが、4月になってまずやることは、1年間の見通しをもって予定を立てておくということです。
　多くの先生方はスケジュール管理のために、「教務必携」のようなノートを持っておられるかと思います。
　私はこの4月には、このノートにまず書き込むことがあります。

Point!

- □　1年分の日付を入れること。
- □　主な学校行事を書き込んでいくこと。
- □　時間割をうめていくこと。

　1年分の日付を入れ、1週間の時間割を決めましょう。決められたらその時間割にそって機械的に教科を書き込んでいきます。始業準備で忙しい時期ですから、これは当面必要になる1学期分だけにしておきます。そして、各教科の単元をそこに割り振っていくのです。
　私の場合は、国語・算数・理科・社会の4教科でこれをやるようにしています。各単元の配当時間は指導書を見ればわかるようになっているので、とりあえず各教科をそれぞれそのままあてはめていきましょう。
　たとえば、6年生の算数ならば、「対称な図形①」「対称な図形②」などのように単元名の後に時間をあらわす数を入れていくのです。
　私はこれを時間の「予算配分」と考えています。
　もちろん、実際に1年間過ごしていくうちに子ども達の実態や、学校行事などによって幾分か時間のかけ方に重い・軽いができることはあります。それでも、原則指導書に書かれている時間内で、ちゃんとテストまでおわらせ

第1章　はじめる！　1学期　〜クラスの土台を固める〜　13

るようにしています。

「時は金なり」と言われるように、時間もお金も「どんぶり勘定」にしていては必ず行き詰まります。実際にどのような時間の使い方をするかは単元の前の「めあて・課題づくり」のときによく考えることにして、まずは早いうちに見通しをもっておくことをおすすめします。

見通しをもつことは、ゴールを意識することにもつながります。1年後の子ども達にどうなっていてほしいのか、それを意識せずにいると指導が場当たり的になってしまいます。

私は「よい大人」になってほしいと考えています。ではそうなるためには大学や高校、中学校、小学校の卒業時、そしてこの学年のおわりにはどのような姿でいることが望ましいのかを逆算して考えることが必要なのです。

Point!

- [ ] 子ども達の人生を逆算して考えること。
- [ ] 毎日の授業をどう組み立てていくのか。

この2つをあわせて考えられるようになると、少しずつ1年後の子ども達の姿が見えてきます。

字が汚くて恥ずかしいのですが、私が今年見通しをもって立てた6年生の1年間の授業予定の一部をお見せします。

このページでは2月第2週の予定を書いています。ちなみにこれをメモしたのは4月です。

この時期になると、予定が早まってくるので、違う単元名に書きなおすなどもしています。算数は単元としてはやることがおわったので、「6年のまとめ」として好きなところを復習するようにしています。もちろん、わからないところがあれば子ども同士で教え合っています。

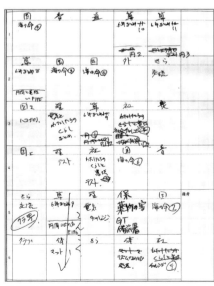

▶18年2月5日（月）〜2月9日（金）の予定表。

「はじめの語り」をする！

1学期

10分で勝負！

『学び合い』では、1年のはじめに行う「はじめの語り」が重要視されます。これをいい加減にしていると、『学び合い』は失敗すると言われています。私も学級開きのときには「どう語ろうか？」と、あれこれポイントを思い浮かべながら考えます。その中でも大切にしていることがあります。

Point!

☐ 「はじめの語り」は、10分以内に収める。

語るときは子ども達にわかってもらおうと思い、いろいろなことを詰め込みたくなります。ついつい長くなってしまうのです。しかし、長くなると子ども達の集中力は時間とともにどんどん落ちていってしまうものです。

そこで、私が子ども達に語るときには、はじめてかどうかには関わらず「10分下さいね。」と、時間の前置きをしてから話すようにしています。

特に、はじめの語りでは自分で時間を区切って、できるだけ時間通りに話しましょう。時間通りに話がおわることで、「先生は言ったことはきちんと守るんだ。」という、子ども達との信頼関係づくりの第一歩とするのです。そのためにもキッチンタイマーをもって、前日に2～3度練習しましょう。

時間をオーバーしてしまうこともあると思います。そのときは「ごめんなさい。みんなに10分と言っていたのに、1分オーバーしちゃったね。次からは気をつけるようにしますね。」と、きちんと子ども達に謝ればよいです。

ちなみに、最近の私は「語り」を5分以内に収めるようにしています。

おさえておきたいポイント

「はじめの語り」はとても大切です。でも、熱い思いをただ短く語ればよ

いかというとそうではありません。必ずおさえておきたいポイントがいくつかあります。おもに、次の4つが一般的です。

Point!

□ 学校は大人になるために来るところであること。
□ 教師だけが授業を進めるより、効率がよいこと。
□ 勉強の内容が、本当の意味で理解できること。
□ みんなで高まること。1人も見捨てないこと。

　こういった内容を盛り込みながら自分だけの語りをつくることが必要です。『学び合い』関係の書籍には、はじめの語りの例が示されているものがあります。もちろん参考にできる部分は参考にすればよいのですが、あくまでも「自分の言葉」として語って下さい。うまく語れなくてもいいです。はじめからすべての子どもの心に届けることは、まず不可能なことでしょう。

　あなたは「1人も見捨てない」ということを本気で信じて実現しようとしていますか？　本気ならば、はじめの語りが少々うまくいかなくても、日頃から語りつづけ、子ども達の前に立ちつづけることで伝わっていきます。

　逆に、「1人も見捨てない」ということを単なる建前としか考えていないならば、はじめにどんなによいことを語ったところで、学級のその後は崩れていくでしょう。

　私は『学び合い』の語りを、教師の子ども達に対する決意表明だと考えています。はじめに「1人も見捨てない」ことを語るということは、これから1年間その考え方の上に立って実践を重ねていくということです。「1人も見捨てない」は子ども達に求めるだけでなく、自分にもそれを求めつづけていくということです。それがぶれると、必ずどこかで問題が起きます。

Point!

□ はじめの語りは子どもにだけでなく、自分自身に語る。

　むしろ、自分自身に言い聞かせることで決意を新たにしている面の方が大きいかもしれません。少なくとも私の場合はですが。

　これから紹介する「はじめの語り」は1つの例に過ぎません。そのときの自分の考え方や思い、そして目の前の子ども達の現状で毎年変わるもので

す。今回紹介する「語り」も、子ども達の周りの大人にあまり望ましい人がいないと予想される場合は、使えないと思われます。

> **教師の語り**
>
> 私「おはようございます。今日から君達の担任となった川西と言います。
> 　１年間、よろしくお願いします。
> 　学級を開くにあたって、みなさんに質問があります。学校って、何のために来るところでしょう。」
> 子「勉強をするため。」
> 私「じゃあ勉強は何のためにするのでしょう。」
> 子「将来困らないため……？」
> 私「そうですね。みなさんの答えは間違っていません。
> 　その通りだと思います。
> 　ただ、先生はこう思っています。『よい大人になるため』だと。よい大人とは、皆さんの周りの家族だったり、地域の方達だったりします。
> 　仮にみなさんのお家の人に、聞いてみて下さい。『一緒に働いている人で嫌いな人がいたら、邪魔をしますか？』って。おそらく、どの人も「そんなことはしない。」と答えるでしょう。
> 　それが大人なのです。何かを成し遂げるためには、どんな人とでも協力し合える人。困っている人がいたら手をさしのべられる人。困ったときには『助けて』と言える人。それが、『よい大人』なのです。先生はみなさんにそんなよい大人になってほしいと思っています。
> 　そのために、これから大切にしてほしいことがあります。
> 　それは、『１人も見捨てない』ということです。
> 　これからの学習では、このことを目指していきましょう。１人も見捨てずにみんなが達成しようとするためには、先生だけが教えるよりもみんながお互いに助け合った方がよいと考えています。
> 　１年後、みなさんが今よりもよい大人に近づいた姿を見せてくれることを期待しています。

　毎年、４月の語りのときは緊張するものです。だからこそ私は、自分にいい聞かすように２度、３度だれもいない教室でシミュレーションをします。

第１章　はじめる！　１学期　〜クラスの土台を固める〜　17

発信しつづける！

子ども達は、教師の腹を探っている！

　『学び合い』をはじめても、子ども達は最初はなかなか動こうとしません。当たり前です。子ども達は今まで授業中に立ち歩いてはいけない文化の中で育ってきたのですから。
　「ほんとにいいのかな。何してもいいって、何をすればいいんだろう。」
　そう思って教師の方をちらちら見ながら、動くに動けなかったり、立ち歩いていても教師の出方を確認したりしています。子ども達は教師の腹を探っているのです。そんなときに教師が、
　「子ども達が好き勝手をして、収拾がつかなくなったらどうしよう。」
　「学習をそっちのけで遊び出す子が出たらどうしよう。」
などと取り越し苦労をしていると、それが表情や態度に出ます。すると、子ども達はそういうものを見抜く目をもっているのです。
　「なんだ、何してもいいと言っているけど、本当はそうじゃないんだ。」
こう思われてしまうと、もううまくはいきません。
　たしかに「『学び合い』をする」と考えると、いろいろと不安になるものです。でも、思い出してみてください。従来型の授業での子ども達だって、集中力の切れる瞬間はあります。ずっと、先生の話を集中して聞いていますか？　考える時間にひたすら考えつづけていますか？　そんなことはないですよね。『学び合い』でも同じです。
　もし、学習と関係ないことをつづけている子どもがいる場合は、声をかければいいのです。みんなに聞こえるように、はっきりと。
　「君達のやっていることは、『みんながわかる（できる）』ことにどう関係しているの？　教えてくれない？」
　それを聞いた子ども達は、こう考えるはずです。

「『何してもいい』は、あくまでみんなが達成するためなのだな。」と。

□ 「叱る」のではなく、「問いかける」だけで十分。

言葉で、表情で伝える！

　そんな中でも、立ち歩いてほかの子に関わろうとする子が出たら、すかさずほめましょう。

📢「おっ、早速みんながわかるために動いている人がいるよ、いいねぇ。」
📢「『わからない人いる？』だって。いいなぁ、ありがとう。」
📢「『わからないから、教えて』って。すごいなぁ、自分から人に聞けるってとても大切なことだよね。」

　ポイントは、動いている子ども自身をほめるのではなく、あくまでも「みんながわかるためにしている行動」そのものをほめる、ということです。

　表情も大切です。基本は笑顔です。「こういう姿が出てくればいいな」という具体的な姿をいくつか思い描いておくことをおすすめします。そうすれば、そういう姿が見られたときに素直に喜べます。嬉しい、という感情はそのまま表情に出ます。

　「感謝する」ということも大切です。教師の中には、「子どもに感謝する」と言うとけげんな顔をする方もいらっしゃいます。授業中の子どもに感謝することの意味が、よく理解できないのでしょう。「できて当たり前のことをなぜ感謝するのか？」なんて思いがあるのかもしれません。

　ですが、授業の中で子ども達に感謝することは大事なように思います。彼らは一緒にクラスという集団を成長させてくれる仲間でもあるのです。

1 いい姿を見せてくれたことを
2 みんなが課題達成するために考え、動いてくれることを
3 「1人も見捨てない」という願いを実現するために努力する姿を

　これらのことを言葉で、表情で、しっかりと感謝しましょう。

📢「君達のやっていることは間違っていないんだよ。」
📢「もっとできるはずだよ。もっといけるよ。」

と、ほめること・感謝することで子ども達の行動を価値づけ、メッセージを

出すのです。

教師がとにかく動いて、「ほめる・感謝する」！

　『学び合い』の授業を公開すると、こんなことを言われることがあります。
「『学び合い』って、先生がしゃべっちゃいけないのかと思っていました。
　先生はすごくしゃべるのですね。」

　『学び合い』がある程度クラスに定着し、教師のつぶやきがかえって子ども達の邪魔になるようになると、私も静かになります。時折つぶやく以外は、ほとんど無言に近い状態になります。

　でも、『学び合い』をはじめて間もない頃の教師には子ども達に「どんな状態が望ましいのか」を示すという大切な役割があります。

　クラスの状態を見取り、評価をすることなしに子ども達のなすがままにさせるのは、任せているのではなく、放任です。放任では、「１人も見捨てない」ということは実現できません。

　まずはできていることから「これくらいはできても当たり前だ。」と思わずに、「これくらいできていたらいいな。」という姿の７割くらいでしっかりとほめ、感謝しましょう。

　また、『学び合い』をはじめたばかりの頃は教師が動くことが大事です。

　１つのところに居着かず、遠くから、近くから、いろいろなところから子ども達を見ていきましょう。全体の様子を知るために、遠くから全体を見ることも大事ですが、子ども達がどんなことを話しているのかも気になると思います。とにかく教室の中をウロウロするのです。

　「どうやって声をかけていいかわかりません。」
という相談を受けたことがありますが、はじめはまず子どものアクション（動き）に対して声を出すことからはじめましょう。

　子ども達が動き出したら、

◢️「いいねぇ。」

◢️「すごいねぇ。」

◢️「考えているねぇ。」

と、まず声に出してみましょう。子ども達の動きに対して声を出すことに慣れていくと、さらに子ども達がどんな様子なのかを見る余裕も出てきます。

20

　「うまく声をかけなくては。」と、考えすぎて固くなると、ますます声は出なくなります。まずは子どもの動きに対して声をかけること。それが大事です。無理をしてはいけません。はじめから完璧な声かけを求めても、できるわけはありません。

　同じように、以下のことでも子ども達に最初から完璧を求めない方がよいです。何しろ、はじめたばかりなのですから。

Point!

- ☐ あきらかに集中力が切れている。
- ☐ 大きな声で騒がしい。
- ☐ 教師から見て、あまりうまい教え方ではない。

　はじめた頃に起きるこれらのようなことの多くは、努めて気にしないようにしましょう。

　それよりも、できていることを意識して取り上げてほめたり、感謝したりすることが大事です。初期段階ではまずは子ども達を「のせる」ことが大事だからです。できていることになるべく目を向け、ほめたり感謝したりしていけば、それが価値づけになります。

　よい行動を価値づけすることで、教師の意図を読み取ることに長けた一部の子ども達は、価値づけられた方向に流れていくようになります。そして、多くの子ども達はその子達に引きずられていきます。クラスの大半が学習する方向に流れたら、はじめは学習に向かわなかった一部の子ども達も、学習に向かわざるを得なくなります。

　初期の段階では、教師はとにかく雰囲気づくりに努めましょう。教室中をとにかくよく動き、子ども達をほめ、感謝することが大切です。

　ただし、他人の心や体を傷つけることや、いつまでも学習以外のことに向かって全体の雰囲気を乱すことをしているときは別です。前者はきちんと叱るべきですし、後者は先ほど（18ページ）述べたように問いかけることで戻しましょう。

初期に「ほめる・感謝する」ときのポイント

　以下に示しているのは、初期の頃に子ども達をほめたり感謝したりすると

きのポイントです。「初期の頃」としてあるのは、これらをいつまでもつづけない方がよいからです。もちろん、ほめたり、つぶやいたりすることが必要でなくなるわけではありません。でも、いつまでも同じ調子でつづけていると、そのうち子ども達の学習の邪魔になってしまうのです。『学び合う』形が当たり前になるまではつづけた方がよいですが、徐々に減らしていきましょう。自転車をこぎ出すときには力が必要ですが、走り出せばいつも力一杯こがなくてもすいすい進むのと同じようなものです。

Point!

- □ 立ち位置は、教室の全体がよく見渡せる場所。
- □ だれかをじっと見るのではなく、全体をボーッと眺める。
- □ 行動を起こす子がいたら、どんな行動かをチェック。
- □ 「わかる？」などの言葉かけをしているようなら、すかさずほめる。
  「すごいなぁ、みんながわかるために考えているね。」など。
- □ 『だれか教えて』と言う様子が見えたら、とにかくベタぼめする。
  「すごい、自分がわからないことを人に聞くって、教えるよりもずっと勇気がいるよね。それができるって、すごいなぁ。」
- □ 時折、子ども達の間をウロウロする。1つのところにはあまり長く居着かないようにする。
- □ 子ども達の会話を聞いたり、ノートをチェックしたりする。
  うまく教えている子がいたら、
  「すごいなぁ、先生よりも教え方うまいなぁ。」
- □ 学習のポイントになることを見つけている子がいたら、
  「うわぁ、すごい。それに気づいたか。広げてほしいなぁ。」
- □ そのつぶやきを聞きつけて、寄ってくる子がいたら、
  「さすが、大事なことだって気づいたんだね。」

　私が子ども達を見る位置は、基本的には子ども達から離れた「全体」を見渡せる場所です。子ども達の中にずっといると、クラス全体で起こっていることを見ることができなくなるからです。

　また、だれか1人（もしくは数人）をずっと追っていると、ほかの子の動きに気づかなくなってしまいます。そして、多くの場合教師の「目で追って

いる1人（または数人）」というのは、いわゆる「手のかかる子」だったりします。しかし、それでは最初からマイナス要因を探すことになりませんか。まずは、ほめるためにクラス全体を見渡しましょう。

全体をボーッと見ていると、あちこちに動きが見られるようになります。その動きがどのようなものなのかをチェックしましょう。

1 「わかる？」と個別に声をかけている子

この子は、「雰囲気をつくってくれている子」なので、しっかりとほめましょう。

2 「わからない人」と大声で呼んでまわりながら歩く子

この子は、ごく初期ではほめますが、それをのぞいて私はほめません。なぜなら、そういう子は前者と似ているようで、実は本気でわからない子を探しているのではないからです。単に自分がおわって、ヒマになっているだけなのです。

この子のような行動をよい例としてほめつづけると、クラスがどんどんうるさくなってしまいます。

3 「教えて」と声をかけている子

この子は、できるならば必ず見逃さないようにして、しっかりほめましょう。これについては57ページでくわしく述べます。

また、教師が「時折子ども達の中に入ってウロウロする」のは、子ども達の会話やノートの記述を確認するためです。教師が子ども達の中にある「よい情報」を周りの子ども達に広げるためでもあります。従来型指導の机間指導と要領は同じです。

そして、1か所には居着かないようにすることが大切です。なぜなら、「居着くこと＝周りが見えなくなること」だからです。ほめる・感謝するためには、周りが見えていることが前提です。

📢「先生より教え方がうまいなあ。」

これは、初期の段階に意識して使うとよい言葉です。子ども達がもっている「教えるのは先生だ」という今までの価値観を少しずつ崩していく言葉だからです。これをきっかけにして「教師の支援」が子ども達にとって絶対の言葉ではなく「いろいろなアドバイスの1つ」に変わっていくようになることを目指しましょう。

第1章　はじめる！　1学期　〜クラスの土台を固める〜　23

崩れないようにするために必要なことは？

つかんでいないと、放せない！

『学び合い』に関して、よく質問を受ける内容があります。あなたも同じように感じていませんか？

> Point!
> ☐ 集団が崩れてしまうのでは？
> ☐ まず学級経営がきちんとできていないと、成功しないのでは？
> ☐ 学習規律がいい加減になってしまうのでは？

これらは、たしかにもっともな心配事でもあります。

ただ、『学び合い』であるなしに関わらず、集団が崩れることはありますよね。授業は結局「人」に左右されるものです。冷たい言い方のようですが、『学び合い』で授業や学級が崩れてしまう人は、従来型の授業でもやはり崩れてしまうでしょう。『学び合い』自体とは関係ないのです。

では、崩れないようにするためには何をすればよいのでしょう。私はまず子ども達の心を「つかむこと」からはじめた方がよいと思っています。

つかむことができていなくては、怖くて放すことはできないのです。

つかむことができている状態とは、子ども達に「指示が通る」状態のことです。

もちろん、はじめから指示が通る状態にはなりません。自然にできるようにもなりません。まずは、指示を「通す」ことが大切なのです。

話を聞けるようにするためには、まずは教師の側にも気をつけたり、工夫したりするべきことがあると私は考えています。少し自分をふり返ってみてください。

次のことに気をつけるだけでも、子ども達は変わってくるはずです。

Point!

- □ 指示（教師の話）がダラダラと長くないか？
- □ 同じことを何度もくり返していないか？
- □ 話がおわりそうになったとき、あるいはおわってから「言い忘れたこと」に気づき、あわてて言葉をつけ加えていないか？

メリハリをつける！

「はじめの語り」でも少し書きましたが、私は大切な話をするときには、

📢「今から大切な話をします。5分間聞きましょう。」

という時間の前置きをすることがあります。

　以前、ある若い同僚がこんな話をしてくれました。

「この間、先生のまねをして『5分間話します。』と言ったんです。そうしたら、子どもが時計ばかり見てしまって……（苦笑）。」

「それは、それは……（笑）。でもね、それは子ども達からしたら当たり前のことだよね。『本当に5分間でおわるだろうか？』と試しているんだよね。でもいいんだよ。必ず5分以内でおわらなくても。だけど、少しでもオーバーしたなら、『ごめんなさい。5分を越えてしまいましたね。』って、謝るといいよ。『約束を守ること』、『失敗を認めること』なんかを積み重ねることで、教師の言葉にも重みが出てくるんだと思うよ。」

　案外、「先生の話は、時間が来たらおわるんだ。」という「信用」を得ることができれば、子ども達の多くは待つことができます。それをできるようにするために、まず、指示をするときにはなるべく短く、簡潔にできるよう特に年度はじめには気をつけるようにしましょう。

　声の調子や表情も気をつけます。人それぞれでしょうが、私は指示を出すときには、できるだけ無表情で、声の調子も意識して変えます。

　これも意識してつづけていると、子ども達にその意図が伝わるようになります。以前、40人の学級で担任をしていたとき、授業のふり返りをノートにまとめる時間になっても、少しざわつくのが収まらないことがありました。

📢「あのさ、切り替えはきちんとしてね。」

　別に大声をあげたわけではありませんが、それまでの話し方を指示を出す

第1章　はじめる！　1学期　〜クラスの土台を固める〜　25

ときの調子にしたとたん、教室が一瞬にして「シーン」となりました。声の調子や表情を変えることも、意識して行うと効果があるものです。

　また、指示を聞けるようにするためには、子どもの態勢を整えるようにすることも大切です。

◢ᔕ「大切な話をします。手を置いてこちらを見ましょう。」

　こう指示したのなら、全員が手を置いてこちらを見るまでは話をはじめない方がよいです。また、話している途中で姿勢が崩れたり、ほかのことをはじめたときは話を中断するように徹底することも必要です。「指示を通す」には、まずは教師の行動と言動をともなわせることが大事になります。

「なぜ？」と問いかける！

　メリハリをつける以外にも、年度はじめに意識して行うことがあります。

　それは、子ども達に「なぜ？」をよく問いかける、ということです。

　私はもう10年以上、給食の役割表をつくっていないのですが、毎年子ども達と次のようなやりとりがはじめての給食前に交わされます。

教師の語り

　子「先生、給食係の表がないです。」
　私「そうですね。」
　子「つくっていないのですか？」
　私「逆に尋ねますが、なぜ表が必要なのですか？　たとえば今まで君
　　　達は、牛乳担当なら牛乳を配りおえたら、遊んでいたのですか？」
　子「いいえ。ほかの人を手伝っていました。」
　私「それができる君達なら、給食の前にそれぞれが仕事の不公平がな
　　　いようにローテーションを考えて役割を自分達で決めるくらいの
　　　ことはできるのではないですか？
　　　それで『やはり役割表があった方がいい。』とみんなが結論を出
　　　したなら、役割表をつくればいいと思うのですが。」

　こういう「なぜ？」をくり返し子ども達に投げかけることで、子ども達は自分達の1つひとつの活動の意味を考えるようになっていくのです。意味を考えられるようになると、「やらされ感」を減らすことにつながります。

自分なりの「答え」を用意しておく！

　子ども達に「なぜ？」と問いかけることとより合わせておく必要があることに、「自分なりの『答え』を用意しておく」があります。

　子ども達に何かを尋ねられたときに、絶対に避けないといけないのは、
　「それが決まり（ルール）だから。」
という答えです。これは答えとは言えません。
　「じゃ、どうしてその決まりがあるのですか？」
という袋小路に、はまり込んでしまうだけだからです。

　ここでの答えは「絶対に正しい」ものである必要はありません。今現在、子どもに向き合っているあなたが自分なりに出した答えであればいいです。

　先ほどの給食の「なぜ？」を引き合いに出すと、あの後に次のようなやり取りがありました。

> 教師の語り
>
> 「なぜ当番表をつくらないかというと、次のようなことが理由となります。まず、先生は給食を楽しく食べたいと思っています。そのための条件として、食べる時間をしっかりと取りたいということがあります。食べる時間をしっかりと取るためには、準備の時間をなるべく短くする必要があります。そのためには、当番さんだけでなく、みんなが『早く準備するためにはどうしたらいいのか？』を考えながら進めることが大切です。
> 　なんとなくやっているだけでは、そういう工夫は出てきません。みんなに頭を使って準備をしてほしい。そう思っているから、当番表はつくっていないのです。」

　このようなやり取りがくり返されていくと、子ども達は教師の指示には意味や理由がある、ということに気づいて納得してくれます。

　指示に理由や意味があるということがわかれば、教師の指示は通るようになるのです。少なくともクラスの２割の子が積極的に指示を聞くようになれば、残りの８割である大部分もそれにつられるようになります。

　当たり前なことですが、「指示の通る」学級は崩れないのです。

課題をつくる！

課題の「質」

私が『学び合い』の課題をつくるときに、まず考えることがあります。

☐ この時間には、最低限何ができるようになればいいか？

自分で言うのもなのですが『学び合い』に出会う前の私は、授業があまりうまい方ではありませんでした。だからこそ、授業をする際には「最低限しないといけないこと」をまず考えるようにしていました。そこをしっかりもっていないと、「あれも、これも」とどんどんつけ加えていってしまい、最終的に何をしたかったのかわからなくなったり、時間内に課題がおわらなくなったりしてしまうからです。

『学び合い』の考え方で授業をするようになってからも同じで、「最低限何ができるようになればいいか？」をまず考えることからはじめます。

そのうえで、「こういう姿になっていてほしい」という状態をなるべく短い言葉で、子ども達にわかりやすくあらわすようにすることを考えます。

『学び合い』は課題を提示したら子ども達に任せるわけですから、子ども達が「何をすればいいの？」と考え込んでしまっては、授業が成り立ちません。また、子ども達の間での「これができればいいんだよね。」というゴールのズレが大きくても成り立ちません。

私が課題をつくる際に参考にしているものは、おもに次の4つです。
1 「学習指導要領」
2 「指導書」
3 「テスト」
4 「同僚」

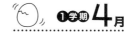

　学習指導要領をじっくり読む時間は、年度はじめには取りにくいかもしれません。まずは、指導書とテストからでも課題はつくることができます。
　最低限の目安は市販のテストがあるものについては「テストで点が取れること」が目標です。テストの点がすべてではない、とかテストだけで成績をつけるわけではない、と言われることがありますが、私はこれはあくまでも最低限の目安だと考えています。
　また、課題は一から自分でつくるようにしています。ほかの人のつくり方やできあがった課題を参考にすることもありますが、そのまま使い回すことはしません。自分が以前つくった課題を使い回すこともしません。その都度一から考えます。効率が悪く見えるかもしれませんが、私自身はこれが大切なことだと考えています。課題は借り物ではいけません。苦しくても、自分の言葉でつくった方がよいのです。
　借り物の課題は言ってみれば「コピペ（コピー＆ペーストの略）」です。「コピペ」をつづけていても課題づくりはいつまでたっても上達しませんし、目の前の子ども達にとって本当に適した課題なのかもわかりません。
　課題づくりに近道はありません。お手軽な方法もありません。自分なりに苦しみながらつくり、実際に授業で使ってみて子ども達の様子から反省して都度修正していくことで、よくなっていくものなのです。

課題の「量」

　私が課題づくりのときに「どんな課題を出すか？」と同じくらい、または、それ以上に頭を悩ませることが「どの程度の量の課題を出すか？」ということです。
　年度当初は「これくらいなら全員達成できるかな」という量よりも、少し量を少なめにしています。それから徐々に調節していって、「本気で全員が取り組んでも、全員達成ができるかどうかのギリギリ」のラインをねらうようにしていきます。
　授業で本気を出さなくてもなんとかなる状態がつづいていくと、子ども達はだれてきます。そのままでは集団が崩れていくことはあっても、伸びていくことはありません。
　このことは、子ども達にも伝えておくことが大事です。

> **教師の語り**
>
> 「先生はいつもみんなが全力でやってギリギリできるかどうか、という量を出すようにしています。だから、毎時間『1人も見捨てない』ことを全員が本気で意識していないと達成できません。
> いや、本気でそれを願っていても、ときにはできないこともあるかもしれません。」

　ここでも大切なのは、教員の毎時間のふり返りです。子ども達の様子から、「課題の量は適切だったか？」を常に反省し、修正していくことが必要になります。

　授業開始から、15分経っても子ども達になんの動きも出ないようなら、課題に難がある可能性があります。子ども達が「何をすればいいの……？」などとヒソヒソ確認しあっているようなら、まず間違いなく課題の内容がわかりにくいのです。また、15分程度経っても、成績上位の子が自分の課題に取り組んでいる（自分のことで手一杯で動けない）ようなら、課題の量が多すぎるのです。必要に応じて、途中で課題を修正したり、分量を調節したりする必要があります。

　くどいようですが、楽な道、近道はありません。一見『学び合い』は教師が授業中に何もしていないように見えますが、実は従来型の授業となんら変わることはありません。やることはたくさんあります。

　授業前には授業の準備をする必要がありますし、授業中は課題の量や質が適切だったか、具体的に提示できたか、子ども達に声をかけるかどうか、かけるとしたらどうやって声をかけるか、を常に考える必要があるのです。

算数科でつくる！

　算数は1時間の中での「最低限」が見えやすい教科です。なぜなら、教科書の構成がもともとそうなっているからです。指導書にも毎時間のねらいが書いてありますし、そのねらいを子どもに理解できるように書き直して「はい、できあがり。」、……と思いがちですがそういうわけにもいきません。

　まず、その1時間でどんな力をつけることをねらうのかを、学習指導要領や指導書を読んで教師自身がとらえておくようにしましょう。

30

Point!

- □ ① 新しい知識・概念を獲得する。
- □ ② 計算や作図などの技能を身につける。
- □ ③ 問題場面から立式し、その考えを説明できるようになる。

　これらのねらいによって、課題のつくり方が変わってきます。
　たとえば、5年生では「体積」という「新しい世界」と出合います。すると、この時間は①がねらいになります。
　そこで、この課題を考えました。

課題「『体積とはなにか』ということが、4年生にわかる説明を考えることができる」

　そもそも「体積」という言葉についてあいまいなまま授業を進めていくと、途中でつまずく子どもが出ることが予想されます。
　また「4年生」を説明の対象としたのは、自分たちの下の学年を想定することで、なるべく言葉をかみ砕いて別な言葉に置き換える必要感をもてるようにするためです。かみ砕くことで、「結局どういうことなのだろう？」と自然と考えるようになります。この課題は、塾や通信教材などですでに体積のことを知っていても、案外難しいものです。
　②をねらうときは、以下のような言葉に収まっていきます。

課題「正しく計算することができる」
　　　「教科書のやり方の通り、分度器を使って正しく角度をはかることができる」など

　これらは、技能の習得をねらっている単元なので、基本的には「教科書に載っているやり方」を身につけるような課題にしておくと、失敗が少ないです。「型」が教科書の中に示されているのですから、当然ですね。
　③のような思考力に関わる学習が中心となるときは、次のような課題にします。

課題「○○の解き方を3人に説明して、サインをもらう」
　　　「△△を解き、どうしてそうなるのかを説明することができる」など

　ちなみに思考力に関わる課題を出すとき、ノートにまずは説明を書かせるかどうかを尋ねられることがありますが、私はそれを書くことを求めること

第1章　はじめる！　1学期　〜クラスの土台を固める〜

はほとんどありません。理由は２つあります。

1 「ほかの子と交流する際に、ノートに書いたものを読むだけになってしまうから」

通常２度、３度説明していくうちに考えたことの内容がまとまり、それにしたがって思考も整理されていきます。ですが、書いたものをくり返し読むだけでは、内容がよりよくなっていくことが期待しにくくなります。

2 「書くことに時間がとられすぎるから」

最初にまとめるだけでも時間がかかりますし、ほかの子と交流して修正をしていくと結局十分に関わりきれないまま時間がおわってしまうからです。

国語科でつくる！

国語の授業をするときは大まかに２段階に分けます。

１段階目は、業者テストで得点をとることができるようにする段階です。私は「基本読み取り」と呼んでいます。

基本読み取りの課題づくりは簡単です。業者テストをもとに、つくればいいのです。大体テストで取り上げられる文章は全体の一部ですが、それを全体に広げて問題を考えるのです。

では「問題をどのようにしてつくるのか？」ですが、大体私は次の３つのような問題をつくっています。業者テストと同じくらいの難易度なので、そこまで難しくはしません。

> **Point!**
>
> □ 指示語の内容を問うもの。
> □ 言い換えを見つけるもの。（抽象を具体にとか、具体を抽象にとか）
> □ 説明文なら筆者の考えや要点などを、物語文なら登場人物の気持ちなどを述べている部分を見つけるもの。

これらを「基本読み取り問題プリント」として、子ども達に配るだけです。また、答え合わせを教師がする必要もないです。問題プリント自体に「答え」を記入し、教室の前に１枚置いておくだけです。

大体１時間から２時間で、全員が解くことを想定してつくっています。

文法的な問題は、教科書にそれこそ「問題」が載っていますから、それを

そのまま出しています。業者テストの「おまけ」にはプリントがついている場合もあるので、それを利用することもあります。

　言葉の意味について問う問題がテストで出されることもありますが、基本読み取りを解こうとすれば意味のわからない言葉は自分達で辞書を引いて調べようとするはずです。もしも調べきれなかったら、と心配な場合は対象の言葉を使った短文づくりを問題として出しましょう。言葉の意味をふまえなければ、短文をつくることはできません。自然と自分で調べるでしょう。

　2段階目は、「テストで問われているよりも深い内容」を考えるものです。指導書や教材の最後に載っている「学習の手引き」などから課題をつくることが多いのですが、満足のいく課題にならない場合もあります。

　課題の文は「簡潔な文章で、具体的にできてほしい姿」を提示できればよいのですが、子ども達のできている姿が「映像」として浮かびにくいことがあります。また、教材の中で「これは自分で子ども達に伝えたい！」と思ってしまうような、宝石のようなことがらを見つけてしまうときがあります。

　そんなときは割り切って、「基本読み取り」がおわった後の時間は従来型の授業をすることに私はしています。教師が教えたいと思ったときは、あえて我慢をする必要はないのです。

　また、同僚や知り合いに国語にくわしい教師がいる場合、その方に相談するのもよいと思います。

❶「○○の教材では、どんなことが読み取れればよいのか」
❷「それがわかるところはどこか」
❸「どのような発問で、そこまでもっていくのか」

　これらを教えてもらえれば、それをもとに課題をつくることができます。

　学期が進みクラスが成熟して、子どもの多くが教師の言葉を「答え」ではなく、「多くの意見の1つ」ととらえることができるようになっているなら、時折教師の「意見」を投げかけることもできると思います。

　また、子ども達が教材文をもとに課題づくりをする実践を聞いたことがあり、アドバイスを受けて私もやることがあります。

課題 「○○を読んで、よい問題をつくることができる」

　問題づくりの課題を出すときに、注意しなければいけないことは「よい問題」とはどんな問題か、をあらかじめ示しておくということです。

> **教師の語り**
>
> 「『よい問題』の最低条件は３つあると思っています。
> 　１つ目は、文章をさっと読んだだけでは答えが出ない。
> 　２つ目は、文章をもとに出せる答えがある。
> 　（いろいろな考え方を出しておわり、ではないということ）
> 　３つ目は、答えを説明されれば、納得ができる。
> 　この３つです。これらを規準に問題づくりに取り組んで下さい。」

　ちなみに子どものつくった問題はほかの先生に解いてもらって「評価」をしていただいたり、「挑戦状」とつけて他学年の子に向けて廊下に貼る場合もあります。テストの追加問題として、自分達で解かせるときもあります。

社会科でつくる！

　社会は「指導要領」、「指導書」、「テスト」の内容をもとに考えます。教科書で言うと、見開き（２ページ分）を１時間でやるくらいが目安になります。

　社会でも単元の前半ではテストに出るものを中心として、なるべく必要最低限のものをおさえるようにしています。単元の後半は「新聞づくり」や「プレゼンづくり」など、調べたものをまとめる活動を組むようにします。

　ただし、その時間がとりにくいときは複数の単元をまたがるようにして取り組みましょう。５年生で言えば「水産業」「工業」の単元がおわってから、それらで自分がもっとくわしく知りたい方を新聞にまとめるなどです。

　６年生での内容を例にとると、このような課題になります。

課題　「町人文化と新しい学問（教科書Ｐ○〜○、資料集Ｐ○、クリップ）」
　　　① 　町人文化の広がり
　　　　　町人はどのような文化を楽しんでいたのかをノートにまとめ、説明することができる。
　　　　●演劇とは。
　　　　●近松門左衛門はどのようなことをした人か。
　　　　●絵画とは。
　　　　●歌川広重はどのようなことをした人か。
　下線は教科書の見出しで、その横に教科書・資料集のどのページに対応し

34

ているか、何を使って調べるのかをある程度指定しています。(ちなみに「クリップ」は、NHKの教育番組サイトの動画「クリップ」のことです)

そして、教師が考えた●の項目について調べてくるのです。

私が社会科の課題づくりで気をつけているのは「ある程度決められた資料を使う」ということです。ネットを使って自由に調べたり、図書室の本を自由に調べたりしてしまうと、資料を調べるだけで時間がおわってしまい、いくら時間をとってもたりなくなってしまうのです。

理科でつくる！

理科では観察・実験がある場合には、次のような課題を出しています。

課題 「てこをかたむけるはたらきは、
　　『力の大きさ（おもりの重さ）× 支点からの距離（おもりの位置）』
　　で、あらわすことをたしかめる実験を計画し、行うことができる」

このとき、事前に次の2つのことを話し合ったり、決めておいたりするように子ども達に求めています。

1 その実験は、どのような結果が出ればよいのか
2 その実験のために、教師に用意してほしい器具などは何か

理科の実験の結果について「予想」を立てさせることは、よく行われていますが、結果についてすでに「知っている」子どもは一定数います。理由は教科書を前もって読んでいる、塾や通信教材でもう学習しているなど、さまざまです。

ですから、とってつけたような「予想」を子ども達に立てさせるよりも、「その実験（観察）で何をたしかめればよいのか」や「結果を出す方法」をはっきりさせた方がよいと考えています。

また、準備については教師が前もってすべてを準備するのではなく、「何のために、どのような準備が必要なのか」を子ども自身が少しでも理解して教師に依頼する形で取り組みましょう。

準備物そのものは、教科書を読めばどのようなものがどれだけ必要かは、子ども達でもわかるはずです。それをメモ用紙などに書いて、教師に渡してもらうようにしましょう。

体育科でつくる！

　体育は「主活動につながるドリル」と「主活動」で課題を組み立てることが多くなります。

　ここでの「ドリル」は、主活動を成立させるための技能の練習のことを指しています。

　次のようなものが「主活動につながるドリル」での課題の例になります。

課題 「主活動につながるドリル」

　　　・ボール運動などのゲーム

　　　　パスを受けたり、出したりする練習など

　　　・水泳（浮く・泳ぐ運動など）

　　　　水に慣れる、ビート板を使ったバタ足練習など

　　　・跳び箱やマットなどの器械運動

　　　　跳び箱から着地する、体を支えてカエルの足うちをする練習など

　「主活動」の課題には、最終目標になる「単元を通して達成してほしいもの」とその過程にある「単元を通して達成してほしいもののために、まずできるようになってほしいもの」があります。

　たとえば、ボール運動と水泳においての「単元全体を通して達成してほしいもの」は次の２つです。

課題 「主活動（単元全体を通して達成してほしいもの）」

　　　・ボール運動→みんなが参加して、接戦をすることができる

　　　・水　泳→みんなが25mを、クロールで泳ぐことができる

　ボール運動などでは、「相手チームに勝つ」ことだけが子どもの目標になりがちです。できればそれだけではなく、「クラス全体としてどうなってほしいのか」まで教師が提示したいものです。

　これを達成しようとすると「一方的なゲームではなく接戦になること」を目指すので、自分だけでなく相手も上達する必要が出てきます。そうすると対戦中であっても、相手チームにアドバイスをする子が出てくることがあります。（そのような子が出たら、もちろんベタぼめしましょう）

　「単元を通して達成してほしいもののために、まずできるようになってほしいもの」は複数あることが多いです。

36

課題「主活動（単元全体を通して達成してほしいもののために、まずできるようになってほしいもの）」
  ・ボール運動①→短いパスをつないで、攻撃をすることができる
  ・ボール運動②→相手のいないところへうまく移動して、パスを受けることができる
  ・水　泳①→バタ足（ビート板あり）で、25mつづけて泳ぐことができる
  ・水　泳②→10かきクロール（面かぶり）で、10m泳ぐことができる

　ボール運動のようなチームで行うものでは、授業のはじめにその時間に達成してほしい課題を提示します。また、水泳や器械運動などの個人で行うものでは、課題の一覧をホワイトボードや小黒板などに書いておき、ネームタグを使って「今だれがどの段階にいるのか」を可視化できるようにしておきます。そして授業の導入時に、こう伝えるようにします。

📢「今、こういう状況です。みんなが課題達成するためにどうすればよいかを考えて下さいね。」

　体育ではこれができたらよし、という「最終目標」をきちんと示しておくことが大切です。算数などでも同じですが、早くおわった子に追加問題を出すのはだめです。「できる子」だけ記録を伸ばして次のステップへひたすら進むと「できていない子」はひたすら取り残されます。
　また、体育では安全確保が大前提です。たとえば、水泳の授業を行う際も、安全面についての約束を徹底すると同時に次のルールを決めます。

> ① プールを２つに分けて、それぞれ反対側からの一方通行にする。
> ② 子ども達につぶやくときは、全員を水から上げるか、１か所に集めてからにする。

　５レーンある25mプールを縦に使う場合、１・２レーンが「行き」で４・５レーンは「帰り」の一方通行にし、３レーンは基本入らない「緩衝地帯」、というようにしておけば、ぶつかる危険性を減らすことができます。
　また、プールの中にいるときには教師の声はとても聞き取りづらいです。上から見ていて気づいたことをフィードバックしたいときには、水から上げるか、活動を止めて１か所に集めるということをした方がよいでしょう。

「可視化」をする！

アイテムと教師の働きかけで、「可視化」する！

　すでに『学び合い』を実践している方は、ほとんど使われたことがあるアイテムではないでしょうか。

Point!

　☐　ネームタグで「可視化」する。

　『学び合い』では必須のアイテムのようになっていますね。ご存知ない方のために説明すると、クラスの課題達成の状況をみんなに「見える化」するためのものです。
　やり方は簡単で、子ども達の名前を書いたタグを黒板に貼り、課題を達成できた子どもからタグを円の中に移動（またはその場で裏返し）するように指示するのです。すると、黒板を見るだけで達成した人がわ

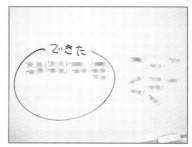

▶ネームタグを使用しているところ。

かり、「全員達成まであと○人」というのが一目でわかるようになります。
　このような、クラスの中で起こっていることを「見える」ようにして、子どもが自分達で気づくようにすることを「可視化」と呼んでいます。
　ネームタグは可視化の中でも一番わかりやすいテクニックで、達成状況がリアルタイムでわかるというのが利点です。

Point!

　☐　教師のつぶやきで「可視化」する。

📣　みんなにわかってほしいんだけどなー。

というつぶやきをするときは、「わかっていない人がいるよ、みんなで何とかしようね。」ということを見えるようにしたものですし、

「すごいなー。そんな考え方もあるのか！」

は、「この人の情報はみんなの役に立つよ。」ということを、

「あー、惜しいなー。」

などとつぶやけば、「間違いがそのまま気づかれずにいるよ。」ということを見えるようにしています。

ネームタグの使用は、2～3か月でやめる！

　便利なものではありますが、ネームタグの使用はせいぜい2～3か月まででやめたほうがよいと私自身は思っています。一切使ってはならないとまでは言いませんが、だらだら使っているのはよくありません。理由は「集団が伸びないから」、いやむしろ「あなたが教師として伸びないから」です。

　子ども達が本当に「1人も見捨てずに全員が課題を達成しよう」としているならば、ネームタグは不要です。声をかけ合い、つながり合うことで子ども達自身で全体の状況を確認することはできるはずです。また、そういう方向を志向していかなくては、クラスがもう一段高いステージに上がることはできません。ある程度まで進むと、ネームタグは邪魔になるのです。

　やめるタイミングについては、特に「こういう姿が見られたら」にこだわる必要はありません。子ども達が『学び合い』に慣れてきた頃に、意図的に黒板に貼らずにおくのです。

　「先生、なぜネームタグを貼らないんですか？」

と、尋ねられたら、貼ってみてもよいかもしれませんし、

「君達ならもうそれがなくても、みんなが達成することに気をつけられるのではないか、と思ってね。」

と、説明してもよいかもしれません。別に大げさに宣言してからなくす必要はないのです。逆に、それをなくせないから『学び合い』として不適格であるというわけでもありません。

　ただ、「グッズにいつまでも頼っていてはいけないんだよね。」ということを頭のどこかに置いておき、なくても活動できる集団を目指していった方がよいのでは、と思うのです。

クラスを「見取る」！

見取ることの「大切さ・難しさ」

　私が先生方によく質問されることの1つに「つぶやき」の言葉をどうするかがあります。
　これは本来は答えに困る質問でもあります。
　「授業中、子ども達にどんなことをつぶやけばいいのかわかりません。」
　こう聞かれても、その場に自分がいないので何とも言えないのです。（もちろん、お話を聞いて経験則からのお答えはします）
　授業中の子ども達に対して「何をつぶやくか、どうつぶやくか」、そして「つぶやくのか、つぶやかないのか」は、集団を「見取る」こととセットになっています。逆に見取ることなく子どもに発信しても、心に届くことはありません。むしろ、邪魔になってしまいます。
　では、授業の中で何を見取ればよいのでしょうか。それは、「集団がその時間の課題、またはその単元の課題の解決に向かっている姿」です。
　ただし、これができているかどうかを判断する前に、教師が次のことをしっかり設定しなければなりません。

Point!

☐ この時間（単元）の課題がなんなのか？
☐ どうなれば達成したと言えるのか？

　こういったことが教師自身の考えとして、はっきりしていないといけません。そこがぼやっとしたままでは、集団の見取りもぼやけてしまいます。そのためにも、子ども達の着地点をはっきりとさせておく必要性があり、課題づくり（28ページ）が大切になるのです。
　では、授業がはじまってからは、子ども集団の何を見ていけばよいので

しょうか。私は次のような点を気にして見ています。

> Point!
> □ どんなグループ（組み合わせ）ができているか。
> 　だれが１人学びをしているか。
> □ グループや１人学びをしている子の間で、行き来はあるか。
> □ 動きを追う。特に、目の動き方がどうなっているか。
> □ 声の様子。話し声を感じるかどうか。
> □ 「中心に据えた子」の様子。
> □ ちょっとした「あれ？」とか「おや？」という感覚。

どんなグループができているか？

　『学び合い』で子ども達に授業を任せると、まずはペアや小さいグループ（ここでは１人学びもこのくくりに入れる）ができていきます。
　教師はそのグループがいつも同じメンバーで集まっているのか、それとも教科ごとに微妙に違っているのか、日によって違うのかを見ましょう。
　教科ごとに違うメンバーと活動していたり、日によって少しずつ違うメンバーと活動しているようなら、それほど気にしなくて大丈夫です。
　また、同じメンバーである程度固定化していたり、いつも１人学びをしている子がいても、１時間の授業の中でほかのグループの子と行き来があるようなら、あまり気にはしません。そういう場合は停滞しにくいものです。
　しかし、グループ間の行き来がなくなり、「グループが固定化」（65ページ）されるとその集団は停滞するようになります。自然の川と同じで流れが停滞すると、クラスが淀んできます。淀んだ水では自由に泳げないのです。

「動き」を追う！

　私は授業を「見る」ときは、なるべく子ども達の中へは入りません。少なくとも、授業がはじまり、子ども達が活動をはじめてすぐには子ども達に寄った状態から見ることはしません。なぜなら、それをしていると全体を見ることができないからです。
　まずは、教室の後ろや前の離れた場所から、全体をボーッと見るようにし

第１章　はじめる！　１学期　〜クラスの土台を固める〜　41

ましょう。

　そうして離れた場所から見ていると、いろいろな様子が見えてくるのですが、「わかりやすいもの・わかりにくいもの」いろいろあります。

　まずはわかりやすいものから、あげていきます。

Point!

> □　グループが固定化しているか、していないか？
> □　グループ同士の行き来があるか、ないか？
> □　集中している（ように見える）か？
> □　遊んでいる（ように見える）か？
> □　だれとだれの仲がよく見えるか、悪く見えるか？
> □　１人になってしまう子がいるか、１人になりたがる子がいるか？

　遠くから見ていると、子ども達の光と影が結構見えてくるのです。

　ただ、「遠くから眺めているだけではよくわからない」という方もいらっしゃるかもしれません。それならば、「体の動き」だけでなく、時折子ども達の「目の動き」を追ってみてはどうでしょう。

　あくまでも『学び合い』をつづけてきた経験から感じていることですが、集中して教えている子の目線は教科書やノート、教えている相手の顔を行き来し、集中して教わっている子の目は教科書とノートに集中しているものです。

　そして、周りを気にかけている子の視線は、１人で勉強していても時折周りの子の間を一巡りするものです。

　また、教科書とノートに目を向けたままで止まっている子は、困っているか思考停止をしています。そういう子と時折目があうようなら、その子は教師に何とかしてほしがっています。

　時折目があう子でも、教室内をボーッと眺めている子と何度か目があうようなら、大概その子は遊んでいるか、別のことをしています。

声の様子を感じ取る！

　『学び合い』をはじめてしばらくの間は、教室はかなりにぎやかです。

　しかし、やがて『学び合い』に慣れてくると、１人ひとりの子どもの声が

落ち着いてきます。話し声の調子が大体一定になってくるのです。そんな中で、それを乱すような声が上がるときは、大体何かが起こっています。でもこれは、悪いことばかりだとは限りません。

また、見ていると途切れ途切れでも、いろいろな声が聞こえてきます。
「あ、そうか……。」
「わかった！ そういうことか。」
「だからか……。」
「わかった？」

子ども達の話し声を、全身を「耳」にするつもりで感じてみましょう。そうすると、見ているときと同様、「気になること」や「引っかかること」ができてくるはずです。

そんなときです、壁から離れて子ども達の中に入っていくのは。

「中心に据える子」を通して全体を見取る！

集団の動きや声を感じ取っていく中で「気になること」と言えば、私ははじめの４月のうちにクラスの中で「中心に据える子」を決めています。

このときに中心に据える子は、クラスの中心人物というわけではないです。「気になるあの子」と言い換えてもよいかもしれません。「クラスの中で、しんどい思いをしているように見える子」のことを指しています。

勘違いしやすいのが、この場合の「しんどい」の主語は子どもであり、あなたではありません。もちろん、一致することもあるかもしれませんが。

そして、その子のしんどさはクラスの「課題」が土台となっています。その子に問題があるからではありません。

クラスに課題があるからその子は「しんどい」ということは、クラスの課題点が改善されればその子の動き、表情は自然とよくなっていくのです。

しかし、ここであまりしてはいけないことが２つあります。

Point!

- ☐ 教師が直接その子に働きかける。
- ☐ 「この子にも直さないといけないことがある」と考える。

教師が積極的に関わり、その子にこだわりすぎると、集団全体が見えなくなります。そして、教師が関わることでその子と周りとのつながりもできなくなってしまうのです。

　また、その子が変わることで周りの子との関わり方が変わってくるわけではありません。周りが変わることでその子が変わるのです。

　中心に据える子を決めたら、ほぼ毎日1度はその子をチェックしましょう。全体をボーッと見ていても、その子の表情、動き、つながりを継続的に見ていくのです。気になることがあったときも、極力その子だけにこだわるのではなく、その子を通して気づいたことを全体に対してつぶやいたり、語ったりするようにします。

　このようにして、全体をボーッと見てつながりや動きを確認したり、声を感じたり、1人ひとりの目線に注意したり、中心に据える子を追いかけたりしているうちに、何となく「あれ？」とか「おや？」と感じること、気になることができるはずです。大きな問題やすごい動きのように目立つことはないけれど、何か気になる……。その感覚を大切にしてください。もしかしたら、些細な引っかかりが大きなことにつながっているかもしれません。

　そういったものを見逃さないようにしたり、その中身をはっきりさせたりするためにビデオ撮影が役に立ちます。

教室での「立ち位置」を意識してみる！

　授業中、子ども達が活動をはじめたらどこに立つかということは意識するようにしています。基本は全体を見渡すことのできる場所でよいのですが、なぜそこに立つのかということを意識することをおすすめします。

　私のもっている観点としては、次の2つです。

1 自分が子ども達の何を見たいのか
2 自分が子ども達からどう見られているのか

　私は1時間の間に「教室の前」、「教室の後ろ」、「横（少し前寄り）」の3か所を時間帯や状況に応じて、移動しています。

　ちなみにこれから紹介する立ち位置は、教室の机の配置が黒板に向かって座っている状態での話です。

> Point!
> □ はじまったばかりのときや、授業の終盤は「前」。
> □ 授業がはじまってしばらく経つと「後ろ」に移動。
> □ 子どもの表情（特に中心に据えている子）が気になる場合は、「前」までは行かずに子ども達の表情が見えやすい「横」に移動。

「前」は子ども達が見えやすく、また、子ども達にこちらの存在を意識させやすくなります。

「後ろ」に行くのは、子ども達の視界から一旦「消える」ためです。これは、教師が子ども達の邪魔にならないようにするためです。

「横」には、授業中に「中心に据えている子」などが気になるときや子ども達をもう少し近くで見たいときに行きます。

そして、授業のおわる頃に子ども達の顔を見ながら話のできる「前」に戻っていきます。

子ども達があまり集中できていないときは「前」や「横」に、集中して取り組めているときには「後ろ」にいることが多いです。

▶教室での立ち位置の例。

教師の立ち位置も、子ども達の動きに密接に関わっています。自分なりにいろいろ試行錯誤しながら、立ち位置を決めることをおすすめします。

ビデオを活用する！

私が使っているのはよくあるムービー機能のついた、デジタルカメラです。コンパクトで持ち運びがしやすく、撮りたいときにさっと取り出せるからです。撮影の仕方は、おもに2通りあります。

1 教室の隅に固定して、全体を定点撮影する

この場合は、全体を俯瞰できる位置に固定するのがベストです。1時間の授業のほとんどを撮りっぱなしにします。

このやり方のよいところは、自分がそのときに気づかなかった全体の動きをチェックすることができることです。そして、自分がどのような言葉がけ

をしているのか、どのような動き方をしているのかもチェックできます。

　ただ、欠点もあります。１時間（小学校の場合は45分）を丸々見返すのは結構骨が折れますし、時間もかかります。２倍速や３倍速で再生したとしても、毎日それをいくつも見返すというのはなかなか難しいものです。

　また、細かい部分をくわしく見ることもできません。この方法は自分自身やクラスの状況を分析・反省するために行うのに適しています。毎日やるというよりは、間をおいて時折やる方がよいと言えます。

2 **デジタルカメラを常に手の届くところに置いて、「気になったところ」、「面白そうなところ」、「中心に据えた子やその周りでつながっている子」の様子を撮影する**

　これは、全体を見渡すことはできませんが、子ども達の会話や表情、目の動きなどを記録することができます。

　ポイントは、子ども達に寄り過ぎず、少し離れて周りの子も一緒に撮ることです。後から見返したときに意外と注目した子ども達の周りでも面白いこと、気になることが写っていることがよくあります。少し引いて撮影することで、そのとき自分では気づかなかった子どもの姿に後になって気づけるのです。

　撮ったビデオは大抵その日のうちに、学校のパソコンのハードディスクやサーバーに保存するようにしています。そして、なるべくその日のうちに１度見返します。撮ろうと思った「気になったこと」の正体を確認するためです。落ち着いて見ることで「あのときこんなことが起こっていたんだ。」、「こんな会話が交わされていたんだ。」と改めて確認することができます。

　また、ビデオは１度見たからといってそのままにしないで、２〜３週間おいてから、もう１度見返すようにしています。そうすることで、はじめに見たときには気づかなかったことに気づくことがあります。

　職場に『学び合い』に理解を示してもらえるような同僚がいる場合は、ビデオを一緒に見てもらうこともおすすめです。他人の目は、自分とは違ったとらえ方で子ども達の様子を見ることができます。それによって「あ、こんな見方もあるんだ」と気づくこともできます。

　こうした取り組みを少しずつ積み重ねていくことが、自分自身の「見る」力を高めていくことにつながります。

途中で「語る」!
～授業のおわりに～

「無理はさせない」ということを語る！

　授業のおわりには、ちょっとだけ子ども達のその日の授業のふり返りを受けて話をすることがあります。
　そういう小さな「語り」を入れることで、軌道修正をしていきましょう。
　私は、「無理をしない」ということを大切にしています。自分が無理をしない、子どもにも無理をさせない。ただ、できる範囲で精一杯する、それを伝えています。

> **教師の語り**
>
> 「先生はみなさんに『空を飛べ』とは言いません。『目からビームを出せ』とも、『100mを9秒で走れ』とも言いません。
> ほとんどの人にはまず無理ですから。逆に『○○という課題をみんなが達成してね』と求めるということは、君達ならできるはずだから求めています。『先生が求める』＝『君達のできること』なのです。
> 『今日の課題で、だれもわからない、手も足も出ない』のであれば、悪いのは先生です。どうでしたか？ そういうことがありましたか？
> 『1人だけしかわからなかった』ということは想像しにくいですが、仮にそういうことが起きたとしても、そこから情報は広がるはずです。
> 次の時間のみなさんに期待しています。」

　もちろん1度で伝わるとは思いません。
　ただ、普段から「無理はさせない」という基本姿勢に気をつけてくり返し語っていくことで、教師の要求に対して「ここまでは自分達でできるということだな。」という意識ができていきます。

「教える」と「教えられる」の関係を語る！

「教えられる」よりも「教える」方がよい、とはじめは子ども達もそういう思いをどこかにもっています。はじめは仕方ないのですが、それをそのまま放置しておくと、クラスの中にどんどん上下関係ができてしまいます。

だから、このことは必ず語るようにしています。

> **教師の語り**
>
> 「『教える』って、自分のためになっているんですよ。
> 『教えてもらう』って、みんなのためになっているんですよ。
> だってね、だれかに教えているとわかっていたつもりのことでも、本当はわかっていなかったことが少しずつはっきりしてきます。そして、もっとよくわかるようになるんです。
> それにね、なかなかわかってくれない人に、『ああでもない』、『こうでもない』と説明を工夫すればするほど、もっともっとわかるようになるんです。だから、教えることで一番得をするのは教えているその人自身なんですよ。自分のためになっているんですよ。
> 教えてもらうっていうことは、教えてくれる人をそうやってどんどん『もっとよくわかっている状態』にすることができます。教えてもらっている人が『よくわからない』と言えば、相手はもっといろいろと考えるようになります。それが相手のためになっているんです。
> おまけに、『みんなが課題を達成する』ためには、あなた自身がわからないといけません。あなたも『みんな』の1人なんですから。
> だから、『教える』は自分のためになっているんですよ。そして、『教えてもらう』はみんなのためになっているんですよ。
> 今日教えていた人、いっぱい得をしたんですよ。今日たくさん教えてもらった人、それだけみんなのためになったんですよ。」

「時間に」ついて語る！

私自身、時間にうるさい方だと思っています。時間は絶対に戻すことはできないからです。

教師が時間の管理をいい加減にしていると、子ども達の方も時間の使い方

がいい加減になります。そして、『学び合い』そのものがいい加減なものになっていくのです。

「課題をつくる！」（28ページ）でも書きましたが、全員が課題達成するまでの時間設定はギリギリになるようにしています。その理由と思いを子ども達にしっかり伝えるようにしましょう。

> **教師の語り**
>
> 「今日は、課題の全員達成ができませんでした。
> 　先生はね、いつも1時間の中でみんなが全力でがんばって達成できるかどうか、のところをねらって課題を出しています。
> 　やってもやってもおわらなかったら、やる方は嫌になりますよね。
> 　だからといって、あっさりみんながおわってしまったら、残った時間がもったいないですよね。
> 　だから先生はいつもギリギリをねらいます。ギリギリなんだから、みんなが一生懸命本気で取り組んでやっと達成できるはずなんです。
> もし、達成が全然間に合わなかったときは、先生は必ずふり返ります。『課題の量が多すぎたのかな』と。だから、みなさんもふり返って下さい。『もっと工夫できることはなかったかな』と。」

何かの調子で、想定していたよりもずっと早く課題を達成できてしまうこともあります。そのようなときは、心の中で「課題設定が甘かったな。」と自分自身を反省しながら子ども達にこう告げます。

> **教師の語り**
>
> 「今日はみんなすごかったです。
> 　残った10分間は自由に使っていいですよ。
> 　ただし、ほかのクラスは勉強しているので邪魔になるような大声は出さないこと。まだ休み時間ではないので、教室の外には出ないこと。」

自分の目算が外れたからといって、追加で問題を出してはいけません。おわりの見えないエンドレスな状況をつくることは、課題達成への意欲をそいでしまいます。

第1章　はじめる！　1学期　〜クラスの土台を固める〜　49

「テストの得点」と「クラスの状態」との関連を語る！

「テストの得点」には、「クラスの状態」を映す鏡という側面があると思います。それは、テストでみんなが一定以上の得点を取れていれば、必要な情報がクラス全体で共有され、困っている子が放っておかれてはないと考えられるからです。

だから、「みんながテストで○点以上を取る」というのは、実はあくまで「目安」であって「目標」そのものではないのです。

それを子ども達にも伝えるようにしています。

教師の語り

私「あのね、たとえばですが、君達のテストの点が全員50点なら別に先生は悩まないんですよね。」

子「どうしてですか？」

私「だってね、みんなが50点だったということは、問題は先生の側にあるということだから。たとえば、課題の意味がみんなによく伝わっていなかったとか、課題の量が時間に対して多すぎたとか。それは、単に先生が次に気をつけたり、改善したりすればいいだけのことなんですよ。
　でもね、これが1人だけ50点で、残りはすべて100点だったら、考え込んでしまうんですよね。」

子「それって、クラスに問題があるということですね。」

私「そういう可能性はありますね。だから先生はみんなのテストの得点にこだわるんです。」

テストの得点を目標にすることと、目安にすることとはよくよく気をつけて区別しておくことが大切です。「目安」だったものがいつの間にか「目標」にすり替わって、子ども達を追い詰めてしまうことになるからです。

それにしても、

「それって、クラスに問題があるということですね。」

という切り返しは、すてきな一言でした。

「達成できなかったね」と「達成できなかったけど」を語る！

　課題の全員達成ができなかったとき、どちらの言葉を子ども達にかけるとよいでしょうか。それは、「課題の達成に時間のかかりそうな子」にだれが、どのように関わっていたかで変わっていきます。

Point!
- □ 時間のかかる子がしばらく放っておかれていた。
- □ 全員達成のためにがんばる子が時間のかかる子にかかりきりになってしまい、自分の課題を達成することができなかった。

　こういう状態では、当然のように課題の達成はできません。
　そういうときには「達成できなかったね」と全体に語ります。

教師の語り

「今日は課題の全員達成ができなかったね。なぜだろう？
　反対にできなかった数人の人がいる代わりに、早くおわってしまって時間をもて余した人もいたよね。これって時間がもったいないと思わないですか？
　それと、今日の課題、早い人でも10分かかっていたようだけど、逆に言えば早い人でも10分かかるということですよね。じゃあ、苦手な人やわかるまでに時間のかかる人に最後の5分で詰め込んでわかるだろうか？その辺りにみんながまだ工夫できることがないでしょうか？
　次の時間の君達に期待をしています。」

　また、こういうときもあります。

Point!
- □ はじまってからいくらも経たないうちに、時間のかかる子に対して複数の子が入れ替わり立ち替わり関わっていた。
- □ ほとんどの子が最後のギリギリまで何とかしようとしていた。

　もちろんそんなときでも達成できないことはあります。そんなときには「達成できなかったけど」と語ります。

教師の語り

「今日のみんなはすごかったです。はじめからちゃんと考えて全員が
　達成できるように動いているのがわかりました。
　たしかに全員達成はできなかったけど、達成に向けてみんなが考え、
　行動しつづけていることが大切だと思います。
　次の君達にも期待しています。」

語った後の、次の時間にこそ目をこらす！

　子ども達に語った後、次の時間は特に集中して全体の様子を見るようにしています。語った言葉を受けて、何かを変えよう、行動に移そうとする子を見落とさないようにするためです。

　それを見落としてしまうと、せっかく行動に移した子ががっかりしてしまいます。些細な落胆かもしれませんが、それが積み重なるとやがて『学び合い』への絶望につながるようになってしまいます。

　「どんな言葉がけをすればいいのかわかりません。」

　そう言われたことがありますが、そんなに「すばらしい」言葉である必要はありません。

📢「なるほど、考えたね。」

📢「すごいな、よく気がついたね。」

　という言葉くらいで十分です。特にはじめはそうです。

　大切なのは、こちらが子ども達の変化に気づいていることをしっかりアナウンスできればいいのです。

　もしかしたらその変化は、教師の想定したものとは違うかもしれません。それでも子ども達は（またはその子は）何かを変えようと行動を起こしたのです。そのことはやはり認め、感謝するべきです。

　「先生はちゃんと見てくれているんだ。」

　語った後に目をこらし、子ども達の反応に対してこちらも反応する、そういうことができていれば、それが信頼につながります。

　『学び合い』に限らず、教師と子ども達が互いに信頼し合うからこそ、よりよく伸びていけるのです。

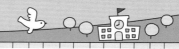

参観日・懇談会をマイナススタートとしない

保護者に不安を抱かせない ① ～子ども達による宣伝～

「先生、明日の参観日、いつものように授業するんですか？」

まだ『学び合い』をはじめていくらも経たない頃、参観日の前日に子ども達に聞かれたことがあります。なぜか尋ねると、

「いや、親がびっくりしないかな、と思って。」

すると、その子とは別の子が、

「私達が親に伝えておけばいいじゃない。『うろうろしているけど、ちゃんと勉強しているよ。』って。」

と言い出し、「じゃあ今日の宿題は、自分の親に『学び合い』のことを説明しておくこと」と子ども達の間で勝手に決まっていきました。

懐かしい思い出ではありますが、大切なことを含んでいます。はじめて『学び合い』を見る保護者は不安に思うかもしれないということです。

幸い、私自身は面と向かって非難や批判をされたことはありませんが、ある年の1学期最後の個人懇談で言われたことがあります。

「はじめはちょっと不安だったんです。子ども達はガヤガヤとうろつき回っているし……。『本当に勉強わかってる？』って、尋ねたんです。」

そのとき、「なるほど……。ゼロではなく、マイナスからのスタートをしていたんだな……。」と思ったものです。

保護者はいくらかの好奇心と不安を抱えて、最初の参観日にやって来ます。そういう保護者に最初から不安を抱かせては、マイナススタートとなってしまいます。できるならば、それは避けたいものですよね。

保護者に不安を抱かせない ② ～「いつもの授業」を少し変える～

そうは言っても、はじめて『学び合い』を見た保護者の大半は驚くでしょ

う。子どもはきちんと座っている方がよい、先生の話が聞けている方がよい、そういう文化の中でほとんどの保護者は育ってきているのです。

　では、少しでも不安を抱かせないためにはどうしたらよいのでしょう。それは、保護者が経験してきた「いつもの授業」から「少し」だけ変えることです。このとき、保護者に必ず見せるようにする子ども達の姿が３つあります。

Point!

☐　きちんと教師の説明・指示を聞けている姿。
☐　楽しんで授業に取り組んでいる姿。
☐　友達と話していても、授業にしっかりついていけている姿。

　これらを、参観日では保護者に見てもらえるように意識するとよいです。算数を例にとると、次のような授業を組み立ててみましょう。

① 課題をいつもよりは全員達成が容易になるような量にする。
② 授業の導入時に、例題の説明など、教師の説明場面を簡潔に入れる。
③ ５〜10分程度の時間設定で、例題をみんなで解く。(『学び合い』)
　　「時間がくるか、みんなが解けたと思ったら座ること。」と指示する。
④ みんなが座ったら何人かを指名して、正解していることを確認する。
⑤ 15〜20分程度の時間設定で、練習問題を解く。(『学び合い』)
　　「時間がくるか、みんなが解けたと思ったら座ること。」と指示する。
⑥ みんなが座ったら何人かを指名して、正解していることを確認する。
⑦ 授業のふり返りで「みんながわかるために努力できた人」を挙手
　　で確認する。

　この授業は『学び合い』の考え方で組み立てていますが、「教師の説明を聞く姿」や「歩き回っても、教師の指示で席につく姿」を見せることができます。すると、授業中に歩き回る姿もそれほど違和感をもたれないはずです。何より「友達と話し合いながら、楽しく学習に取り組む姿」を見せることができれば、保護者は安心するでしょう。

　要は、はじめて見せるときは保護者の今までもっていた授業のイメージと「少し違う」くらいの印象を与えることができればよいのです。

ここで絶対に見逃しては いけない子どもの姿とは?

子どもとのつな引きが起こる!

4月から『学び合い』をはじめるにあたり、やるべきことを順番に述べてきました。

Point!

- □ 「はじめの語り」をきちんと行う。
- □ 課題解決に向かう姿をしっかりほめる。
- □ 適切な課題を提示する。

これらのことができていれば、とんとん拍子にうまく行っているように見えます。『学び合い』が軌道に乗ったように見えるのです。

しかし、ここで安心してはいけません。この時期が落とし穴なのです。

実は、子ども達が『学び合い』はじめたこの時期からが、『学び合い』の本当の勝負だからです。

『学び合い』は、ある意味子ども達にとっても「大変」です。

担任していたある子が、

「楽しいけど、疲れる。」

とつぶやくのを聞いたことがありますが、まさにその通りだと思います。それだけに、教師も子ども達も楽な方につい流れて行ってしまいがちです。

『学び合い』をつづけ、より発展させていくのであれば、4月後半から5月にかけての時期はとりわけ気の抜けない時期だと言えます。

『学び合い』にあなたも子ども達も慣れはじめたこのときに、クラスの停滞を防ぎ、より発展させるためによくも悪くも見逃さないようにしたい姿があります。

それが次の3つです。

> Point!
> □ 「こんなこともわからないの？」と言っている子がいる。
> □ 「教えて」と言えている子がいる。
> □ 答えをそのまま見せる子・丸写しする子がいる。

「こんなこともわからないの？」と言っている！

　この言葉を耳にしたら、絶対にそのまま流してはいけません。それほど重要な言葉です。もちろん、悪い意味で。

　これはあきらかに教えている相手を見下した言葉です。発した方は相手を馬鹿にしているのです。これを見逃してしまうと、教師がクラスの中に序列があることを認めたことになってしまいます。（48ページ）

　「『学び合い』をしていると、教える側と教えられる側が固定してしまい、
　　序列をつくることにつながるのではないか？」

　『学び合い』の会を開いたり、参加したりすると、このような指摘を毎回のように受けます。それを聞くたびに私はこう答えます。

　「今のご指摘から察すると『教える子は立場が上で、教えられる子は立場
　　が下だ。』という風にあなた自身がとらえているということですよね。
　　教えるのが偉くて、教えられるのが偉くないとだれが決めたのですか？
　　序列をつくっているのは、実はわれわれ教師の方なんですよ。」

> Point!
> □ 「教える」側と「教えられる」側、両者はあくまで対等である。

　ここを譲ってはいけません。「１人も見捨てない」、「全員達成」のためにはここがブレるとダメなのです。これは道徳的な問題ではありません。

　教える側が教えられる側を見下すと、「みんながわかる」ための努力をしなくなります。

　当たり前のことです。「教えられる側の能力の問題」、相手のせいにしてしまえばよいのですから。

　嫌な言い方ですが、「あの子はできなくても……。」、「あの家庭なら仕方ない……。」と、教師が子どもや保護者のせいにして合理化・逃避するのとな

56

んら変わりありません。

その結果、教える側は考えるのをやめ、自分自身もそれ以上は伸びなくなります。

教えられる側が卑屈になってしまっても同じです。

「どうせわからないから……。」と投げ出し、自分から聞くということもできなくなります。

すると、課題の全員達成もできなくなります。

こうなってしまうと「全員達成ができないこと」をもとにして、クラスの人間関係はどんどん崩れていってしまいます。

「教えて」と言えている！

先ほどとは、逆の意味ですが、是非とも見逃したくない姿です。

この「教えて」と言える子を見つけたら、教師が手放しでほめるべきです。実は、私自身は「教えてあげる」と言えることより、「教えて」と言えることの方が、言えるようになるまでのハードルが高いと考えています。

自分がわかっていないということを認めるのには、勇気がいります。それを、周りの子に伝えて助けを求めるのには、もっと勇気がいるはずです。

当然ですよね。「自分ができていない、わかっていない」という、本来人に見せたくない姿を人にさらさなければいけないのですから。

私は「自分から人に助けを求めることができる力」は大人になってからも特に必要になる力だと考えています。すべての人が自分1人であらゆることを乗り越えていくことなど、まずありえません。

社会で生きていくためには、他者と協力し合うことが必要不可欠になるのです。

協力し合うとは、この両方ができている必要があります。

Point!

☐ 「困っている？」と手を差し伸べること。
☐ 「助けて」と援助を求めること。

実際にあったエピソードですが、ある子が別の子に算数の問題を教えている場面でした。教える側は丁寧に説明していたのですが、教えられる側は今

ひとつよくわからないといった様子でした。

教師の語り

子Ⓐ「わかった？」
子Ⓑ「うーん……。」
子Ⓐ「うーん……。教え方がよくなかったかな……。」
　私「Ａさん、すごいな！」
子Ⓐ「え、何？」
　私「今、『教え方がよくなかったかな』と言ったよね。」
子Ⓐ「うん……。」
　私「だってＡさんは、とても丁寧に説明していたよ。でも、わかっ
　　　てもらえないこともあるよね。
　　　それを『なんでわからないの？』と相手のせいにするのではな
　　　くて、自分の教え方をふり返ったね。それがすごいんだよ。」

　くり返すようですが、「教えて」と言っている子は、とても高いハードル
を越えて発言しています。
　そんな子を見つけたら、すかさずほめることがとても重要なのです。
　大げさかもしれませんが、もしかするとその１回しかその子はそうは言え
ないかもしれません。１回１回がとても重大なのです。
　そのただの１回でも見逃さずに認めてほめることが、『学び合い』におい
ての教師の役割とも言えます。
　かくいう私も、授業を撮影したビデオでふり返っているときに、その姿を
見せていたことにはじめて気づいたことがあります。
　それこそなかなか周囲に「教えて」と言えなかった子が、はじめて「教え
て」と言っていた姿だったのです。
　それに気づいたときは、思わず声を出していました。
　とても悔しい思い出です。

答えをそのまま見せる子・丸写しをする子がいる！

　これも『学び合い』の会で、参加者によく指摘されることです。
　あなたもこのようなことで不安になっていませんか？

> **Point!**
> ☐ 「自分で解かずに、他人の答えを丸写しして、それでおわらないか？」
> ☐ 「まず自分で考えることもせずに、答えを人に聞いてもよいのか？」

　まず、私自身は丸写しをする子というのは『学び合い』でなくてもいると思っています。ただ、たしかに『学び合い』だと丸写しをしている子の存在が目立つことはあります。

　結論から言えば、丸写しをする子や答えをそのまま見せる子自身を叱っても、それが完全になくなるわけではありません。

　丸写しをなくすためには、「丸写ししても意味がない。」ということを子ども達の一定数以上に理解してもらうことが必要になります。

> **Point!**
> ☐ 理解してもらうには「結果」をきちんと求めることが必要になる。

　授業の中で求める結果とは、その時間の課題が「わかる」ことであり、わかったことをもとにして「できる」ことです。決して、ただ「おわる」ことではありません。

　丸写しが気になるのであれば、まずはそのことを子ども達に伝えて「どうやって解決すればいいか。」を問いかけ、一緒に解決していくことを呼びかければよいのです。

　丸写しは教師があれこれ取り組んで解決できることではありません。子ども達自身が「丸写しをすることは意味がない。」という意識をもつことでこそ解決できるのです。

　「見せるだけではわかったことにはならないよ。」

　この言葉が、授業中に子ども達から聞こえるようになれば、「丸写し問題」はゆっくりとでも解決に向かっていきます。

　何年も前ですが、クラスの中で「答えをそのまま見せる子・丸写しをする子」がいました。

　私はその子達自身よりも、それを見過ごしてしまっているこの状況の方がよくないと考えました。

　そこで、クラス全体に次のように語りました。

教師の語り

　私「Cさん、２×６の答えはいくつですか？」

子Ⓒ「12です。」

　私「そうだね。ところで、今、あなたは周りの人に相談したり、答えを聞いたりしなかったですね。それはなぜ？」

子Ⓒ「え、だって、２×６の答えなんてわかっているので、いちいち聞かなくてもわかるからです……。」

　私「そうですよね。ところでみなさん、人に答えを写させたり、人の答えを丸写ししてもわかったことになるでしょうか？」

子Ⓒ「えー。それはならないです……。」

　私「そうですね。では、丸写しを放っておいたら、みんなが課題達成できるでしょうか？」

子Ⓒ「できないです……。」

　私「うん、ですよね。丸写しをなくすのは実は簡単なんですよ。
　　要はみんながわかればいいんですから。
　　さっきも、２×６はわざわざ答えを人に聞かなくても答えられましたよね。実はね、答えをそのまま写すっていうことはとても苦しいことなんですよ。だって、本当はわかった方がいいと思っているのに、自分じゃわからなくて人の答えを写さなくてはいけないんですから。
　　その苦しさから助けてあげられるのは、みんななんですよ。
　　みんなが本当にわかることが大切だと考えているのなら、丸写しをすることは意味がないということにも気づくはずだから。」

　次の時間、子ども達が変わりました。

　「だめだよ、答えを教えるだけじゃ。本当にわからないと。」

　この言葉が子ども達の中から聞こえ出したのです。

　もちろんドラマのようにその日を境に、そういったことすべてが消えるというわけではありませんでしたが、「丸写し」は徐々に消えていきました。

要注意！失敗する『学び合い』とは？

『学び合い』がうまくいかなくなる３つの理由とは？

　５月後半から６月にかけて、ぼつぼつクラスが停滞するようになり、『学び合い』がうまくいかなくなりはじめることがあります。
　その主な理由は、３つあると考えています。
1 「任せる」と「放任」を取り違えている。
2 教室内の縦糸の関係を甘くみている。
3 自分１人で抱えこんでしまっている。
　ただ、「きちんと『はじめの語り』などの手順を省略して、自己流でやった。」「そもそもあまりやる気がなかった。」などの理由は問題外です。

「任せる」と「放任」を取り違えている！

　私も『学び合い』をはじめたばかりのクラスでは、とにかく気づいたことを大きな声でつぶやいていきます。ときには、ほめることや感謝すること、そして叱ったり指摘したりすることもします。ボーッとクラス全体を眺めたままということはありません。
　「見る」ことと「フィードバックする（つぶやく・語る）」ことは、ワンセットなのです。
　教師はクラス全体の様子を見て、現状がどうかを評価し、みんなが進むべき方向を示す必要があります。
　勘違いされがちですが、『学び合い』は子どもに「任せて」、教師が何もしないわけではありません。ただただ何もしないのは「放任」です。
　「任せる」というのは、結果を出すために最善と考えられる方法を教師が決めるのではなく、子ども達に委ねるということです。もちろん、委ねて結果が出なかった場合には、「なぜ結果が出なかったのか」、「もっと工夫でき

第１章　はじめる！　１学期　～クラスの土台を固める～　61

ることはなかったのか」を子ども達に投げかけるまでが教師の役割です。

そのためには、教師がきちんとゴールを意識し、子ども達が「そこに向かえているか」、「ゴールにたどり着くために最善をつくそうとしているか」ということを理解して、意識する必要があるのです。

教室の「縦糸」の関係を甘くみる！

この場合の「縦糸」とは、教師と子どもとのつながりのことを意味しています。そして、子ども同士のつながりのことを「横糸」とします。

『学び合い』は子ども同士の横糸がつながらないと成立しません。でもそれは、教師が子どもとつながらなくてもよい、ということではありません。

たとえば「先生に教えてほしがる子」をわざと遠ざけたり、無理にその子をほかの子とつなげようとしたりしてはいけません。なぜなら、その子は「先生」とつながりたいと思っているからです。

そうした対応で、教師に「放っておかれた、見捨てられた。」と感じた子は、クラスと教師に絶望してしまいます。そして、絶望した子は他者とつながることができずに、『学び合い』を拒否したり、場合によっては教室へ入りたがらなくなったりするかもしれません。

かと言って、その子だけにかかり切りになってしまっては、そのほかが見えなくなって『学び合い』が崩れてしまいます。『学び合い』を成立させつつ、そういった子への対応をしていくことが大事になります。

Point!

- ☐ 授業以外で子ども達（もちろんその子以外とも）と積極的に関わる。
- ☐ 授業中に関わってくる場合、その答えが「〜でいいですか？」というような、簡潔に返せるものであれば返す。
- ☐ 少し時間のかかる説明が必要なときも、なるべく簡潔に説明する。

授業であまり個別に関わらない分、そこ以外で関わることで、子ども達は自分のことを見てくれているとわかってくれます。

また、簡潔に答えを返すだけでも、子ども達の安心につながります。

少し時間のかかる説明があるときも簡潔に説明しながら周りを見回し、その様子を見ている子がいるようならその子に声をかけます。

62

📢「つづき、説明できるかな?」

と、代わるのです。そして、後でわからなかった子どもに尋ねましょう。

📢「さっきのところわかった?」

すると「自分は見捨てられてはいないんだ。」と安心できます。安心することで、さらにほかの子と関わることができるようになるのです。

自分1人で、抱え込んでしまっている!

『学び合い』に限らずですが、何か問題が起こったとき自分1人で抱え込んでよい結果になることは、まずありません。

私はいろいろな悩みや相談を受けることがあります。もちろん誠心誠意、できる限りでそれに答えようとしているつもりです。ただ、同時にこんな疑問も浮かんできます。

「この人は、すべて自分の力で問題を解決しようとしていないだろうか?」

『学び合い』はある意味とても残酷だ、と私は思っています。それは、「自分はほかの多くの教師(人間)と同じ程度に賢く、同じ程度に愚かなどこにでもいる平凡な存在だ。」ということを認めることからスタートする必要があると考えているからです。

たしかに世の中にはすごい人がいます。教師の世界にも「スーパーティーチャー」と呼びたくなる人がいます。でも凡人である自分にできることはたかがしれているのです。それを認めたうえで、それでも何とかしたいから、『学び合い』では、「子ども達」の力を借りるのです。

何か困ったことがあれば、『学び合い』の実践者や同僚などに相談すればよいのです。

そして何より、一番相談するべき相手が身近にいますよね。

Point!

☐ 毎日のように顔を合わせている、目の前の子ども達に相談する。

子ども達に今のクラスについて感じている問題点を語りましょう。もちろん個人攻撃につながるようなことはダメです。

そして、それをみんなで解決していくことを求めましょう。問題が起きたとき、解決をするための一番の協力者は、実は目の前の子ども達なのです。

第1章 はじめる! 1学期 〜クラスの土台を固める〜

チェックしてみる！①
～クラスの様子を～

「『学び合い』6月危機」とは？ ～チェックする意味～

　学級経営について「6月危機」という言葉をよく耳にしますね。6月は1年の中で荒れが多くなる月だということですが、『学び合い』でもこの時期に停滞することが多いようです。もちろんその種は、ずっと以前からまかれているわけですが……。

　『学び合い』の停滞は、ある日突然起こるものではありません。はじめはうまくいっていたのに、気づいたら結果が出なくなる、何かうまくいっていないような気がする、そういう風にだんだんと気づいていくものです。

　このとき、何が起きているのか、現状を自分で分析しない限りは打開することはできません。現状をふまえて子ども達につぶやき、語らなくてはどんな言葉も子どものところにまで届きません。

　私の勝手な印象かもしれませんが、授業中にやたらと「1人も見捨てない」を教師が連発している場合は、おおむねうまくいっていないときです。そして、その原因は大抵教師の側にあります。

　実際にまだ停滞していなかったとしても、子ども達の様子を以下の項目でチェックしてみましょう。

Point!

- ☐ グループが固定化していないか。
- ☐ 「先生に教えてほしい」という不満が出てきてはいないか。
- ☐ 『学び合う』ふりをしていないか。
- ☐ 1人だけで「走る」子を何とかしようとしていないか。
- ☐ 「中心に据えた子」の行動・表情・言動に変化はあるか。

「要注意！失敗する『学び合い』とは？」（61ページ）でもふれましたが、

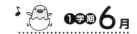

こういったチェックを怠るのは、子どもに任せているのではなくて単なる「放任」です。それは結局、子ども達をほったらかしにしているのと同じですから、やがては停滞してしまうのは当たり前です。

グループが固定化していないか？ ① 〜仲良しで固まる〜

　グループになること自体は悪いことではありません。いつも同じメンバーで固まること自体もそこまで悪いとまではいきません。問題はグループ間の交流がなくなることです。グループ間の交流がなくなるとどうなるか。それは、クラスがばらばらの小集団の集まりに過ぎなくなります。

　集団はある程度数があるから意味があるのです。人に相性があるように、教え方にも相性があります。わからないことをわかるように教えてくれる相手がいる確率が高いのは、3〜4人よりも30〜40人の方だと言えます。数が減れば、当然、課題の全員達成などできなくなります。

　また、さらに深刻なのは少人数のグループで固定化してしまうと、そのグループから離れて1人になるのが怖くなります。子ども達1人ひとりが、その不安を抱えながら過ごすようになってしまうのです。

　さて、グループの固定化でよくあるのは「仲良し」で固まるものです。これが起きる要因を、一言で言います。

Point!

☐ 教師が「結果」をシビアに求めていないから。

　クラスの中には、学力的にしんどい子がいるかもしれません。
　「この子だったら、達成できなくても仕方ないかな。」
と、思ってしまうこともあるかもしれません。そして、ついついそう思ってしまうと、結果については甘くなってしまうものです。

　しかし、結果を求めなくては確実に「仲良しグループの固定化」が進んでしまいます。当たり前なことですが、結果を求められないのなら、気の合う仲間と楽しくやっている方が楽だからです。

　この「仲良しグループの固定化」が見られるようになったら、自分自身が子ども達に結果をきちんと求めているかどうか見直す必要があるでしょう。

　ただし、「仲良し」で固まってしまう原因は、その子達自身にはありません。

そのため、その子達にダメだと働きかけてもむだです。せいぜい、「やっているふり」をするくらいがオチです。

「いや、自分はちゃんと結果を求めていますよ。でも、結果がともなわないのです。」

そう思われる方もいらっしゃるかもしれません。でも、よく考えてみて下さい。「みんなが達成することなんてできないよね。」と、心のどこかで思っていませんか。授業者であるあなたは、みんなが課題達成できなかったとき、毎回本気で悔しく思っていますか。どうしてもそういう状況が見られるときは、学級全体に投げかけましょう。「みんなが課題達成できていない」ということを、それは「望ましくない」ということを伝えるのです。

以前、「○○ということを説明して、3人の人にOKのサインをもらう」という課題を出したのですが、「仲良しで固まる」グループは、あきらかにグループ内だけでOKを出し合っているのがわかりました。私は、その中の1人に説明させることにしました。当然ですが、その子は説明できません。

その後、その子にOKを出した3人にも尋ねたのです。

> **教師の語り**
>
> 「君達はこの説明で本当にわかったのですか？」
> 「なぜこの説明にOKを出したのですか？」
> （当然ですが、それを説明できるはずもなく答えはありません。）
> 「ふーん。そうなんだ。でもこういうことしていちゃ、『みんなが課題達成すること』にはならないですよね。」

と、全員に聞こえるようにつぶやきました。

そうすると、周りの子が関わろうとしてくれます。そのような姿が見られたら、すぐにほめたり、感謝したりしましょう。

Point!

□ 教師が結果を求めていることをメッセージとして学級全体に示す。

それが仲良しグループだけでない、子ども達同士の学びのあるつながりを促進することにつながるのです。

子ども達のつながりを意識することは「仲良しだけ」で固まることを防ぎ、

集団全体を高めることにつながります。それは固まる子ども達だけを責めることではありません。「全員が課題達成に向かっているか」を教師が見取り、できていないときに適切に全体に投げかけることによってだんだんとできていくのです。

グループが固定化していないか？② 〜できる子だけで固まる〜

はじめから、「できる子」だけで固まるのには２つ原因が考えられます。

Point!

- □ 「語り」が十分に届いていない。
- □ 「１人も見捨てない」というメッセージが十分に伝わっていない。

この場合「できる子」達は、「みんなが課題達成をする」ことにさして意味を見い出していないのかもしれません。どちらの場合でも、教師が粘り強く語り、メッセージを出しつづける必要があります。

また、このどちらの場合でもなく、はじめは積極的に動いていたにもかかわらず、次第に「できる子」だけで固まってしまう場合もあります。これは、とても危険なサインです。『学び合い』崩壊寸前と言っていいと思います。

勉強できる子が固まるわけ、それは、『学び合い』自体に（もしくは取り組んでいるあなた自身に）うんざりしているからです。

なぜそのようなことが起こってしまうのでしょう。答えは簡単です。

全員が達成できなかったことを「叱って」いたからです。

全員達成に向けての、努力や工夫がたりなかったことに対する言及と、達成できなかったことへの叱りというのは、似ているようでまったく違うものなのです。

「できていないじゃないか！」

と、焦る気持ちもわかります。私もそうでした。

結果が出てこなくなると、当然焦ります。ただし、そこで絶対にやってはいけないことがあります。

Point!

- □ 子ども達のせいにして八つ当たりをする。

第１章　はじめる！　１学期　〜クラスの土台を固める〜

具体的には、「１人も見捨てるな！」を連発することです。「１人も見捨て
ない」は、たしかに求めなくてはいけないものですが、強制するものではあ
りません。むしろ、そうやってあおらなくてはいけなくなった時点で、負け
戦なのです。冷静に、こうなった原因を分析すべきだと思います。

　八つ当たりをすると、子ども達は敏感にそれを察知します。そうなると、
まず「できる子」で積極的に全員達成に努めていた子ども達が動かなくなり
ます。これは、自分達が努力しているのにもかかわらず、それが認められず
に八つ当たりされたからです。当たり前ですが、これをされると人のために
あれこれすることがばかばかしくなり、気の合う仲間同士で勝手に学習を進
めていくようになります。

　この積極的に動いていた子ども達が動かなくなると、その子達につられて
動いていた子ども達も当然のように動かなくなります。

　こうなると、学級が動きのない冷え切った集団となります。結果が出ず、
教室はさわがしい、子ども達はそれぞれ勝手なことをしているだけ。この状
態では、単なる放任と変わりませんし、その状態を放置していると教師は子
ども達から見放されます。そうなると『学び合い』のクラスの崩壊です。

　そうならないためにも、がんばっている子の姿は認めつつ、それでもでき
ていなかったことは残念がりましょう。

　そして、どうすればいいかを子ども達に問いかけましょう。子ども達と一
緒にどうすればいいかを考えようとしていくことが、『学び合い』の基本ス
タンスです。以前、こんな投げかけをしたことがありました。

教師の語り

「今日は、達成できませんでしたね。どうしてなのか教えてほしいな。
　時間がたりなかったですか？
　課題が難しすぎましたか？
　それなら、先生の方が反省をして次に気をつけないといけないんですが。
　そうでなかったのなら、どうすればよかったでしょうか？
　この中には気づいている人が何人もいるはずです。
　次の時間の君達に期待しますね。」

　そうして、次の時間の子ども達の動きには特に気をつけます。前の時間と

くらべて動きに変化が出ているようなら、そのことを認めて、ほめたり、感謝したりしましょう。

　くり返しますが、『学び合い』が失敗する原因は教師の側にあることがほとんどです。軌道に乗ったと思っても、気を緩めず、手を抜かず、集団全体を継続して見取っていくことが大切です。

　残念なことですが、もしも頑張っている子達にそういった対応をしてしまっていると気づいたなら、まずはきちんと子ども達に謝りましょう。自分の取り組み方が十分ではなかったことを誠心誠意伝えるのです。

> 教師の語り
>
> 「みんなに謝らないといけないことがあります。
> 　先生はみんなが課題達成をするために努力していたのに、叱ることが多かった。八つ当たりをしていた。もっとみんながんばっているところにも目を向けなくてはいけなかったね。本当に申しわけない。」

この状況になったら、2つの選択肢があります。

Point!
- [ ] もう1度『学び合い』の仕切り直しをする。
- [ ] 1度冷却期間として従来型の一斉指導をしながら、少しずつ『学び合い』に戻っていく。

　このどちらかを選びましょう。前者を選ぶならば、もう1度「語り」からはじめることになります。「一からやり直す」のです。

　自分に自信がもてなくなってしまっている場合は、後者を選んだ方がいいかもしれません。「単元に1回の『学び合い』」を取り組みやすい教科、たとえば算数だったら問題演習のところだけを『学び合い』でやりましょう。

　いずれにせよ、一度壊れた（その一歩手前かもしれませんが）ものです。焦らずにやり直しましょう。遠回りに見えても、それが一番の近道です。

「先生に教えてほしい」という不満が出てきていないか？

　「先生なんだから、ちゃんと教えてほしい。」という不満が一部の子どもから出てくることがあります。そういう意見にはまず耳を傾けて、どうしてそ

う思うのかを尋ねてみる必要があります。

　62ページでもふれましたが、そういう子は教師との関わりを求めていることがあります。

　個別に教えてほしがる場合やちょっとしたことを確認したがる場合は、教師が関わることでその子の安心につながるのですから、あえて避けたりせずに関わればよいのです。

　ここで大切なことがあります。

Point!

□　無理矢理ほかの子とつなげようとはしないこと。

　教師が拒絶した形になると、その子は教師に「見捨てられた」と感じてしまうのです。ただし、関わるときでも、短時間でさっと切り上げることが必要です。1人の子に関わってばかりいると、周りの様子が見えなくなるからです。

　また、「教えてくれない」という不満が子どもから出てくるとき、よく教師がやっている失敗があります。

Point!

□　「正解」を子ども達に公開していない。

　答えのある問いを考えるとき、答えがわからないままだと子ども達は不安になります。従来型の授業では黙っていればよかったのです。そのうち「正解を知っている」教師が正解を教えてくれたのですから。

　ですが、正解の隠された『学び合い』では何が正しいのかわからないまま、友達とやりとりをしなくてはなりません。

　おまけに正解を知っている教師は、自分達に何もしてくれません。「これで不安になるな」という方が都合のいい話です。

　私は教師用の指導書やドリルの答えを、教室の前に広げておくことにしています。これについては、抵抗を感じる教師は少なくないようで、『学び合い』で授業をしている方の中にもそういう方が見受けられます。「解答を丸写ししてはいけない」ということなのでしょうか。

　でも考えてみてください。答えを丸写しする子は、答えがなくても友達の

70

解答を丸写しするだけです。それができなければ、何もせず遊ぶか、だれか（おおむね教師です）が何とかしてくれるのを待つだけになります。

「答え」は子ども達が考えをくらべ合うときの足がかりになりますし、「答え」をもとに「どうしてそうなるのか」を考える子もいます。

「先生が教えてくれない！」という不満を耳にしたときには、まず自分が子ども達をさまざまな面で「不安にさせていないかどうか？」を確認してみる必要があるでしょう。

『学び合う』ふりをしていないか？

Point!

- ☐ 子ども達は一見仲良く協力し合って学習を進めている。
- ☐ 特に固定化が見られるわけではなく、グループはあっても相互の行き来はある。
- ☐ うまくいっているように見える……、だけど結果が出ない。
（学力的にしんどい子のテストの得点が改善の傾向を示さない、課題の全員達成とはほど遠い状態がつづくなど）

そのようなときは、子ども達が「『学び合う』ふりをしている」可能性があります。

「だから、これは○○だよ。わかった？」

「うん、わかった。」（黒板にネームタグを貼りに行く）

一見和気あいあいと学習に取り組んでいるように見えます。でも、実はわかっていない、わかったつもりになっているだけなのです。

これが「『学び合う』ふり」です。

なぜこのようなことが起こるかというと、ここでも教師が結果をしっかり求めずに「『学び合う』姿自体」を求めてしまい、その姿に満足しているのです。現れ方が違うだけで前述した「仲良しで固まる」状態と似ています。

結果を出すためには「わかったつもり」でおわってはいけません。わかったつもりでおわらないためには、子ども達の間で少し踏み込むような厳しいやりとりが必要となります。

「本当にわかった？　じゃあ、説明してみて。」

「じゃあ、今度は教えないから、別な問題を解いてみて。」

教師がしっかり結果を求めると、このようなやりとりが子ども達の間で行われるようになるはずです。

また、教えられて理解したはずの子どもが別な子に教えに行くけどもうまくいかずに、もう1度教えてもらう姿も見られるはずです。

だれだって厳しいことを言うのは嫌なものです。教師が「ふり」の状態でよしとすれば、子ども達がその先に行かないのは当たり前なのです。

1人で「走る」子を何とかしようとしていないか？

『学び合い』でよく見られる光景に次のようなものがあります。

Point!

- □ とりあえず自分の課題がおわってから動き出す子がいる。
- □ 自分のことがおわるまでは動こうとしない子がいる。
- □ 友達とはつるまず、1人で学習したがる子がいる。

こういう子達のことを、「私は1人で『走る』子」と呼んでいます。（もちろん心の中でです）

こういう子ども自体はよくいます。「全員達成する」にはたしかに効率は悪いと思いますが、このことだけでは別に問題ではありません。

問題なのは、教師がその子に直接働きかけて、ほかの子とつなごうとすることです。はっきりいって、直接その子に働きかけてもその子が変わる可能性は高くないです。それどころか、自分のペースで学習ができないことを不満に思うかもしれません。

1人で「走る」子がいたら、よく観察してその子を1つの指標にしてみましょう。いつもは自分の課題をまずおわらせてから動き出している子が、いつまでも動かない場合は、課題の量が多いのかもしれません。そういった場合でも授業時間の3分の1くらいで動き出すのであれば、そのままでも問題はありません。

また、この自分1人で考えたがっている子が教えてほしがる子と険悪な雰囲気になっているときには、大きな声でつぶやけばいいのです。

△‹「自分で考えたいときもあるよね。」

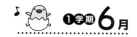

📣 「教えてくれる人は１人じゃないよね。ほかに教えてくれる人がいればいいなぁ。」

　『学び合い』においても、１人学びを保証することは大切です。そして、教えてほしがる子には、いろいろな子とつながることの大切さをつぶやくことが大切です。

　もし、グループから１人離れて学習している子がいたら、その子の目線に気をつけて見てください。時折顔を上げて周りを見回しているようなら心配はありません。その子は全体の様子を気にはしています。

　また、ひたすら黙々と学習していても、ほかの子が話しかければ関わっているようなら、それも問題ありません。その子は単に自分のペースを守りたいだけなのです。

　それでも、先述した通り効率自体はよくありませんから、ギリギリの時間設定の中で全員達成への工夫がいることはくり返し語っていきましょう。すると、やがては改善していくはずです。

　逆に気にかけた方がよい子もいます。

Point!

☐　ただひたすらほかの子との関係を拒絶している。

　そういう子は、自分のやることをおえたらほかの子のことは我関せずと傍観を決め込んだり、課題に取り組もうとはせずにひたすら孤立しています。

　そのような子には、教師が直接関わりたくなるものです。自分の力で何とかしたくなります。ただ、このときに自分の力で何とかしようと思わないことです。まずうまくはいきません。（例外があるとすれば、その子が教師との関わりを求めている場合です）

　このような場合は、少し時間がかかることを覚悟して「１人も見捨てず、みんなが課題達成することの大切さ」をクラス全体に地道に語りましょう。そして、１人で走る子を何とかしようと関わる子達がいるならば、しっかりとその子達をほめて、感謝しましょう。

　やがて、周りの子がその子との距離の取り方や関わり方を学んでいきます。ある程度人数がいれば、その子とうまく関わることのできる子も出てくるでしょう。

個人を変えるのは至難の業です。それよりも集団が変わり、周りの子とその子とのつきあい方が変わっていけば、その子自身はあまり変わっていなくてもクラス自体はうまく回っていくようになります。

「中心に据える子」の行動・表情・言動に変化はあるか？

43ページでも述べましたが、「中心に据える子」の様子は毎日のようにチェックしましょう。

別にその子に直接関わる必要はありません。くどいほどくり返しますが、クラスを教師の力で何とかしようとしてもよい結果にはなりません。

ただ、その子を見ていくと、集団がどのような状態なのかがわかります。

気になるその子の背後には「クラスの抱える問題」があるのです。それらは一朝一夕に解決するものではありません。特効薬なんてものもありません。毎日お互いにやりとりをして、みんなで課題を達成しようとする営みをくり返していくしかないのです。

逆に言い換えれば、クラス（集団）がグレードアップすれば、その子の行動・表情・言動はきっと変化していくことでしょう。

ビデオに撮ったり、毎日、毎時間さりげなく以下のようなことをチェックしたりして、継続的に追いかけていくことをおすすめします。

Point!

- □ その子がどのように課題に取り組んでいるか。
- □ その子が自分から話しかけることがあるか。
- □ その子の表情が変化しているか。
- □ その子と関わるのはどんな子なのか。いつも同じ子なのか、変化しているのか。

これらは決して1人をひいきにするということではありません。その子の変化は、すなわちクラス集団の変化なのです。1人の子の変化を通して、クラス集団の変化を見取ろうとしているのです。

その子が笑顔で暮らせるクラスは、どの子も笑顔で暮らせるクラスになっているはずです。そのためには、その子だけに働きかけてはいけません。働きかけるのはあくまでも「クラス全体」なのです。

学期をまとめる！

1学期のまとめをどのように使うか？

　学期のはじめに見通しをもって計画を立て、『学び合い』がうまくいっているのならば、7月は時間に余裕が出てくるはずです。
「早めにおわった時間をどのように使っていますか？」
と、尋ねられることもあります。私は次のように使っています。

1 基礎的内容の学び直しと発展的な内容への挑戦

　算数でよくやりますが、プリントを2種類用意しておきます。1つは基礎的な内容、もう1つは発展的な内容です。子ども達には好きな方を選ばせます。そこで子ども達にはこう伝えます。

> 教師の語り
>
> 「やっている内容はそれぞれ違うけれど、やっているメンバーは同じ。そして、『みんなが達成する』を目指すという点も同じです。
> 期待していますね。」

2 夏休みの「課題」に取り組む

　読書感想文や自由研究といった、夏休みの課題で子ども達が結構苦しむものに取り組むこともあります。
　読書感想文なら、図書室で本を選んで文章構成表をつくったり、下書きまでをつくってしまったりします。自由研究なら、テーマややり方を決めるところまでをやっておくようにします。
　1人で悩むよりも、相談し合って進める方がよいように思っています。

「所見」をどうつくるか？

　以前から、通知表の所見を書くのは遅い方ではありませんでしたが、『学

び合い』に出会ってからますます所見には困らなくなりました。

　まず、授業では子どもを見ていることがほとんどなので、子どもの様子がよく見えます。『学び合い』をしていると、所見に書く「材料」を集めるのにはそれほど困らないはずです。

　もちろん、ただなんとなく見ているだけでは何も気づかないので、授業を見るときにはしばしば考えながら見るようにしています。

　「この場面で所見を書くとしたら、だれが書けるかな。」と。

　そうして気づいた子の名前、日付、教科名を簡単にメモしておくのです。私の場合は、そこでもっと詳細に書くことはしません。

　「それだけで思い出せるのか？」

　と疑問をもたれそうですが、いくら見て回っていることが多いとは言っても、授業の前後や授業中にそんなに長くメモをとることはできません。後になって、授業の予定と見くらべて「この場面でこの子が印象に残っていたということは、○○な姿勢がよかったんだな。」などというように思い出せればよいのです。

　そして、学期に１～２回クラス名簿の１人ひとりの欄に「何について書けるか？」を考えて書き込んでみます。長い文章ではなく、「国語の～」「係活動の～」くらいの書き込みです。それですぐに思いつかないようなら、その子についての材料を集めるため、次までに気をつけて見るようにします。

　話は少しそれますが、所見を書くときに気をつけるようにしていることが２つあります。

Point!

□ 「がんばりました」を使わない。
□ 「コピペ」をしない。

　「がんばりました」は一見便利な言葉ですが、使うのに慣れてしまうとどんなことに対しても使ってしまい、自分の文章力が伸びません。

　また、コピペをせずに１人ひとり書きぶりを少しずつでも変えようとしていると、書き方に幅が出てきます。３年くらいつづければ、ずいぶん違ってくるようになります。

『学び合い』当たり前リスト①

　私は、実践に大切なことを自分の中では、「当たり前」のことだと思ってしまい、だれかに伝える際にその説明が抜けてしまう傾向があるようです。

　同僚とその話になり、「ではその『当たり前』のことを1度リストにしてほしい。」と言われたのです。そこで、このようなリストをつくりました。

　このリストは、私が「これだけのことができています」ではなく、「だいたいこんなことを考えながら、1年間過ごしています」ということをリストにしてみたものです。最初は、何のことを書いているのかよくわからないと思いますので、そのことにふれているページ番号を（　）内に書いています。

　実践を積み重ねる際の確認用のチェックリストとして、ご活用ください。

Point!

- ☐ 「困ったこと」、「できないこと」を子どもや保護者のせいにしない。仮にその部分が大きくても、それを言ってしまってはいけない。(10)
- ☐ 年度や学期の「はじめの語り」は10分以内に収める。それを越えると、かけた時間だけ子どもの聞く気が失せていく。(15)
- ☐ 望ましい姿（発言・行動）を見つけたら、大げさに感謝する。(19)
- ☐ 気づいたことは全体に聞こえるように大きな声でつぶやく。みんなに聞かせるために。(20)
- ☐ 指示は徹底する。徹底しなければ集団や学習が成り立たなかったり、安全がおびやかされたりするから。(25)
- ☐ 「なぜ？」と意識して自分や子どもに問いかけてみる。(26)
- ☐ 「なぜ？」と問いかけるときは、自分なりの答えを必ず用意しておく。それを話すかどうかは別として。(27)
- ☐ 課題は質と量に気をつけて、目の前の子ども達にあわせてつくる。(28)
- ☐ どうしてほしいのか、具体的な姿を子どもにはっきりと示す。(29)
- ☐ ネームタグのような可視化のグッズは便利。ただ、いつまでもそれに頼っていては先には進めない。教師も、子どもも。(38)

（「『学び合い』当たり前リスト②」105ページへつづく）

\つづける!/

2学期

さらにクラスを高める

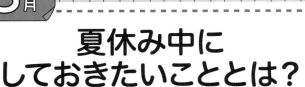

夏休み中にしておきたいこととは？

「学習指導要領・各種答申」を読む！

「先生はいいよねぇ。夏休みがあって。」
などと言われることがありますが、夏休みだって何だかんだいろいろな仕事もありますよね。

まあそうは言っても、夏休みであれば普段より時間の融通がきくことはたしかです。そんな時期だからこそ、やっておきたいことがあります。

私はこの時期には学習指導要領に必ず目を通すようにしています。普段はなかなか読もうと思っても読む時間がとれないですからね。

やはり教師が指導をする際の指針にするものですし、課題を考える際にも「ここまでおさえておけばいいんだな」という目安になります。

また、文部科学省が出している、各種答申にも目を通すようにしています。何となくでも、今現在の「教育の流れ」を知っておくと、いろいろな研修会で指導を受けたときやセミナーなどでほかの人と話をするときに、自分の中に入ってきた言葉を吟味するものさしとなります。

これらは、じっくり読もうとすると、結構骨が折れるうえに敷居が高くなってしまいますから、ざっと全部を流し読みするような感じで読むようにしましょう。

何度かくり返すと、以前とは違う箇所に引っかかったり、気づいたりするようになります。それが、今の自分の関心だったり、成長にともなう変化だったりするのでしょう。これは読書全般に言えることかもしれません。

Point!

☐ ざっとでもよいので必ず読む。

くり返しますが、別に「理解しよう」、「読み込もう」と構える必要はあり

ません。斜め読みでも十分だと思います。
　今の段階で取り入れられるものだけで十分です。

２学期以降の見通しをもつ！

　４月の忙しい時期は、なかなか１年間の見通しをもちにくいと思います。もちろんもてるに越したことはありませんが、日々の仕事も大変です。
　とりあえず４月に１学期分の学習内容を教科ごとに書き込んでいったように、残りの３月までの行事、各教科の単元、時間数を書き込んでいきます。
　１学期をおえて、クラスのおおよその様子はすでにわかっているはずです。教科によっては時間をかけた方がよい単元、指導書の時間数よりも短くおえることのできる単元も見えてくるようになります。
　１学期のうちに１年分の見通しをもって予定を立てている場合は、この８月にもう１度検討して必要なら修正を加えていきましょう。
　そうやって見通していくと、学期末に時間ができるはずです。そのできた時間をどう使うのかも考えるようにしておきましょう。

Point!

- □ 基本の部分をもう１度やり直す。
- □ 応用的なことに取り組む。
- □ 上記の基本と応用など、複数の道を用意しておいて、子ども達が選べるようにする。

　また、必要になりそうなものを探したり、そろえたり、つくったりすることも夏休みの間なら取り組みやすいです。前もってワークシートや資料、教具などをつくってもいいかもしれません。
　しかし、その際に気をつけておくべきことがあります。

Point!

- □ 用意したものも「使わない勇気をもつ」。

　前もって準備をすればするほど、またその準備に時間をかければかけるほどそれを活かしたくなります。そうすると、その準備物や計画に子ども達をあわせるように意識がいってしまいます。使いたいがために、下手をすると

授業がねじれてしまうのです。これを使うと「うまくいくとうれしいな」くらいに考えておいた方がよいでしょう。

　布石は打ったからといって、すべてが必ず活きるとは限りません。「100打って2～3活きれば儲けもの」くらいに構えていた方がよいと思います。

実践者同士で交流する！

　夏休みに限ったことではないでしょうが、各種セミナーや、『学び合い』の会にも、可能であるならば参加しましょう。

　『学び合い』はここ数年でずいぶんと広がりを見せてきました。とは言っても、全体から見るとまだまだ少数派です。同じような実践をしている人を身近に感じられると、心強いものです。

　いろいろな人と話し合う中で、自分がつまずいていることや悩んでいることについて、何かしらヒントが得られるかもしれません。『学び合い』の経験が一定以上ある人は、必ず何らかのつまずきや悩みを乗り越えた経験があるはずです。

　「こういう危機はこうやって乗り切った。」

　そういった話はとても参考になります。「案外同じようなことでみんなつまずいているのだ」ということを確認できるだけでも有意義です。新たなつながりができて、相談できる仲間が増えることも魅力的です。

　ただ、交流するのは『学び合い』の実践者に限定しない方がよいです。いろいろな立ち位置の人と話をすることで、自分の視野が広がります。

　そもそも、『学び合い』特有の悩みというものは存在しません。『学び合い』特有の問題点というものも存在しません。教師としての悩みや問題点は必ずつながっています。どのような実践をしているのかが問題ではなくて、悩みや問題点を共有し合えるかどうかなのです。

　ですから、いろいろな実践者とつながるときは、頭から否定してかからないようにしましょう。特に従来型の授業をしている人を自分とは違うなどと勘違いしてはいけません。

　『学び合い』と従来型の指導を対立させる必要はないのです。そもそも、『学び合い』は多様性を認めることが前提となっています。子ども達に見本を見せる立場である私達がそういった姿勢をしていてはいけませんよね？

学期はじめに「語り直す」！

なぜ「語り直す」のか？

　夏休みがおわった９月、子ども達は久しぶりに学校にやってきます。提出物の整理やら、夏休みの様子を聞くやら、初日からやることは多いものです。最近では、始業式の日から授業をはじめるところもあるようですね。
　ただ、どれだけ忙しくても２学期のはじめに是非していただきたいことがあります。

Point!

□　「語り直し」をする。

　なぜ９月に語り直すかというと、子ども達を「戻す」ためです。
　夏休みをおえた子ども達は、１学期の終業式の状態と同じでしょうか？違いますよね。当たり前のことですが、１学期よりも幾分「緩んだ」状態なのです。だからこそ、語り直す必要があるのです。
　しかし、語り直しとは言っても、ここでの語りは１学期の焼き直しではあまり意味がありません。この語り直しの目的は、１学期のおわりの状態に戻すことだけではダメなのです。これからの２学期でよりジャンプアップすることを求めるようにしましょう。１学期のくり返しではなく、今までやってきたことをもとにして、より高いステージに上る必要性を説くのです。
　子ども達が、
「どうやら、今までのつづきだけではいけないらしいぞ。」
と、うっすらとでも感じてくれたらしめたものです。
　具体的にどのようなことを語るかというと、１学期よりもややぼやっとした、抽象的なことを語ります。言い換えれば、「答えのない問いの答え」をみんなで探しつづけることを求めることになります。

たとえば、「世界一のクラスを目指そう」といったような、どうやったらそれを達成できるのかが見当もつかないようなものにしましょう。

次の語りは、以前受けもっていた6年生のクラスで行った2学期の語りです。このときは、1学期に子ども達で決めた学級目標について語りました。

教師の語り

私「さて、みなさん、2学期がはじまりました。先生は夏休みの間にも、時折みんなで話し合って決めた学級目標について考えていました。
　『心に残る最高学年』
　これって、すごい目標だなぁ、と思うのです。ちなみに、心に残るって、だれの心に残るのでしょう。」
子「え……、それは、下の学年の人達です。」
私「ですよね。ただ、先生はそれだけではないと思っています。
　先生達や、地域の人達、この学校に関わるいろいろな人達の心に残る、ということでもあります。君達が卒業してこの学校を去った後も、『あのときの6年生は……』と、思い返してもらえるようになる必要があります。
　それにはどうすればいいのか、残念ながらその答えを先生は教えてあげることはできません。先生にもわからないからです。
　ただ、その答えを折にふれてみんなで考えつづけ、いろいろなことを一緒に乗り越えることで、その答えに近づいていくのではないかと思います。探しつづけましょう。その答えを。みんなで。
　1人でできることには限りがあります。ただ、みんなで取り組めばできることがずっと増えるはずです。
　卒業式の日、最後に校門を出るその瞬間までみんなで考えつづけましょう。もしかしたら、最後まではっきりとした答えは出ないのかもしれません。
　それでもみんなで考えて、答えを探しつづけることが君達をよりよい大人に近づけてくれると思うのです。」

もちろん、始業式前日にはキッチンタイマーを手元に置いて、時間内に収められるように練習をくり返すことは忘れてはいけません。

チェックしてみる！②
～自分自身を～

「うまくいっているとき」安心していないか？

夏休みがおわって、1か月ほどが経ちました。もしかすると、運動会などの大きな行事もおえているかもしれません。

Point!

- ☐ 今現在、クラスは落ち着いている。
- ☐ みんなが協力し合い、課題を達成している。
- ☐ 結果もそれなりに出てきている。

このような状況であればいいことずくめに見えます。しかし、クラスが軌道に乗ってきているように見える、そんなときが実は要注意です。こういう時期だからこそ、自分をチェックしてみる必要があります。

波に乗って見えるときには、ついついよいところばかりが目につきます。よいところばかりが目につくと、よくない兆候をつい見逃してしまったり、「たいしたことではない」と軽く見るようになってしまいます。

Point!

- ☐ 「こんなこともわからないの？」など、教えている子が教えられている子を小馬鹿にするような言い方をする。
- ☐ 「なんでわからないの！」といった、わからない子を責めるような言い方をする。
- ☐ まだわからなくて困っている子がいるのに、わかっている子同士で問題の出し合いなどをしている。

このようなことでも、全体がうまくいって見えるときには、案外見落としてしまうことがあります。はじめのうちに気がついて全体につぶやいたり

語ったりしておけば、問題は大きくならないうちに解決できます。

　どれだけうまくいっているクラスでも、問題のないクラスなど存在しません。要はそれを見つけようとしているかどうかなのです。

「うまくいっていないとき」あら探しをしていないか？

　これは先ほどとは逆のパターンです。うまくいっていないときには、悪いことしか目につかないものです。

Point!

□ 早く課題をおえた子が、遊んでいる。
□ 最後におわらない子が数人だけ残り、その数人を教える子達だけが忙しくし、手持ちぶさたになった子が遊び出す。
□ 課題の全員達成がいつもできていない。

　このような状態がつづけば、見ていて嫌になるでしょう。ですが、なかなかうまくいかないことに焦り、そのいらだちを子ども達にぶつけてしまっては、子ども達の空気は淀んでしまいます。八つ当たりでは子ども達の心には届きません。それどころか、不信感のもとになってしまいます。

　こんなときこそ、教師が努めて冷静になりましょう。そして、意識して探します。子ども達の中には必ずいるはずです。

Point!

□ 「1人も見捨てない」ことを実現するために、汗をかいている子。
□ わからなくてあきらめている子に粘り強く説明しようとしている子。
□ 特定の子ではなく、いろいろな子に声をかけて取り組もうとしている子。

　苦しい中で一生懸命に取り組んでいる子がいるのに、それを見捨てたりほかの子と十把一絡げに責めてしまうと、その子達は失望してしまいます。そして『学び合い』が成り立たなくなってしまいます。

　苦しいかもしれませんが、今までの実践をふり返りましょう。自分を責めるのではなく、あくまで「直すべきことがなかったか？」を問い直すのです。

　そのうえで、子ども達に語りましょう。

86

> 教師の語り
>
> 「昨日まで、先生には○○なところがありました。これはよくなかったと思います。申しわけない。謝ります。
> そんな中でも、課題の全員達成を目指してくれていた人がいました。本当にありがとう。先生のよくなかった点は改めるよう努力します。だから君達も一緒にもう1度やり直してほしい。」

そう語った後、動きの変わったところがあれば、すかさずほめ、感謝しましょう。もう1度仕切り直すのです。

子ども達への話し方に気をつける！ ～機嫌のよいとき・悪いとき～

教師も人間です。気分の善し悪しがあります。機嫌のよいときはそのままニコニコしていればいいのですが、いつもそうとは限りません。いつもにこやかにしていたいと思ってはいても、イライラするときはあるものです。

Point!
- ☐ 機嫌の悪いときは努めてほめどころを探す。もしくは静かに話す。
- ☐ 「いいな」と思ったら早めに反応する。
- ☐ 「よくないな」と思ったら一呼吸おく。

イライラしているときには、悪いところに目がいきます。そのようなときこそ、ほめるところがないかを意識して探しましょう。ほめているうちにイライラが軽減され、冷静になるものです。それが難しい場合は、意識して静かに話すよう心がけましょう。イライラは言葉や表情に出ます。静かに話すように意識することで、少なくとも子どもが変にビクビクせずにすみます。

また、子ども達のよい姿は、すかさずほめましょう。間が開くと、結局ほめずにおわってしまうことがあります。ほめどころを積極的に探し、すぐにほめることであなたの気分も徐々によくなっていくはずです。この方法は、何より自分自身のためになるのです。

逆によくないところを見たときには、一呼吸おきましょう。適切に叱ることは大切ですが、機嫌の悪いときには感情的になってしまうものです。

📢「○さん。」

と、呼びかけた後、目立たないようにそっと深呼吸して間をとって話しましょう。そうすると、怒りに任せて叱りとばすことが防げるようになります。

「結果」が出なくて、焦っていないか？

　今まで結果を求めることの大切さを力説してきました。もちろん、結果を出すことは求めつづける必要があります。ただ、いつも結果がともなうとは限りません。学力的にしんどい子のテスト成績がなかなか伸びないなどということはあります。算数などではそれがよく見られます。

　そのようなときに「焦ってはいけない」のです。たしかに焦ります。何とかしたいと思って、つい授業中にその子だけを「取り出して」個別指導したり、休み時間に呼び出して追加で教えたりしようとしてしまうのです。

　ですが、あまり効果は出ないでしょう。特に授業中に教師がその子につきっきりになると、その子と周りの子との関係まで崩れます。

Point!

- □ 学級全体としてのテスト成績は上がっている。
- □ その子が孤立しているわけではない。
- □ ただ周りにくらべると成績が上がっているとは言いづらい。

　こんな場合なら２学期後半〜３学期で徐々によくなってくるはずです。

　考えてみて下さい。教師が関わっても、その子に費やせるのは45分授業のうちせいぜい５分程度です。ですが、『学び合い』でいろいろな子が関わる場合、少なくとも計20分はだれかがその子に関わっているはずです。

　すると、サポートを受けながら学習する時間が少なくとも４倍に増え、その状態がほぼ毎日積み重なっていくのです。それだけの量を積み重ねれば、すぐに結果は出なくともやがて伸びが目に見えるようになってくるのです。

Point!

- □ 学力的にしんどい子が孤立しないこと。
- □ みんなが結果を出すために考え、行動すること。
- □ それを粘り強く、くり返し教師が求めること。

　大切なのは「焦って」自分だけで何とかしようとしないことです。

「こだわらない」から うまくいく！

「形」にこだわっていないか？

　ある『学び合い』の会で相談されたことがあります。
「○○の授業を、『学び合い』でできるイメージが浮かばないんです。」
「うちのクラスの人間関係では、まだ難しいように思うんです。」
「やはり、△△のことについては、教師が教えたほうがいいと思うんですけど……。」
　いずれのときも、私の答えは同じです。
「いいんじゃないですか？　そう思うのなら。」
　そう言うと、大概の方は不思議そうな顔をされます。
「私だって、自分が『教えたい』、『教えるべき』と思ったら教えますよ。」
と言うと、意外そうな顔をされます。私にとっては、当たり前過ぎることなんですけどね。なぜ、『学び合い』という形にこだわるのかなと思います。
　『学び合い』のよくある形というと、

---

　① 課題を提示する。
　② それを1人も見捨てず、みんなが達成することを求める。
　③「はいどうぞ」と子ども達に任せる。
　④ 教師はニコニコと見守る。
　⑤ おわったら、ふり返りをする。

　あなたは「このような順序で授業を流すこと＝『学び合い』」だととらえていませんか？
　毎時間そうでないといけないとしたら、とても窮屈ではないですか？

形だけにこだわってしまうと、大切なことを見落とします。『学び合い』において大切なことは、「1人も見捨てない」ことであり、「みんなが伸びる、高まる」ことです。

　「『学び合い』でできるイメージが……。」
ならいいじゃないですか。自分のイメージが浮かぶやり方で授業をすれば。

　「人間関係が……。」
ならいいじゃないですか。『学び合い』でいけそう、と思うようになってからチャレンジすれば。

　「これは教師が教えるべき……。」
いいじゃないですか。自分で教えれば。

　心の中にモヤモヤと、「『学び合い』がうまくいくだろうか……。」などと不安を抱えたまま授業をしても、うまくいくはずがありません。

　腹ができていないままで子ども達に任せても、本当の意味で任せきることなどは絶対できません。

Point!

□　中途半端な「形」だけの『学び合い』はしない。
□　自分で教えた方がいいと思ったら、自分で教える。
□　この方法で目標が達成できたかどうか、をふり返る。

　「これでうまくいくだろうか。」
　「クラスが余計に混乱しないだろうか。」
　「本当は自分で教えた方が、よいのではないだろうか。」
　そんなことを思いながら授業をしていたら、絶対子ども達に中途半端に介入してしまいます。そうなった中途半端な「形」だけの『学び合い』は、特にタチが悪いです。子どもがやる気をなくしてしまいます。

　また、教えたいときは、自信をもって「教えて」下さい。

　そして、「今日の授業は『1人も見捨てない』、『みんなが伸びる・高まる』が実現できたのか？」と必ずふり返って下さい。

　「できた。」
と思えるのなら、それを進めればよいでしょう。

　「できなかった。」

と思うのならば、より「まし」にするにはどうしていけばよいのかを考えましょう。

　いずれにせよ、子ども達の前に立つときにあれこれ思い悩むのは禁物です。

「シンプル」であることにこだわっていないか？

　うまくいっている『学び合い』の授業、特にその成熟した状態を見ると、非常に「シンプル」に見えます。子ども達はどんどん動き、教師はそれをじっと黙って見ている、もしくはニコニコして見ているだけです。

　これを見て勘違いします。

　「『学び合い』はこうならなくてはいけないんだ。」

　「これが『学び合い』なんだ。」

　そうすると、初期の未成熟な頃からその「シンプル」な形に近づけようとしてしまいます。ひたすら教師がしゃべらない授業をしようとします。そして、本当はこの時期に必要な言葉がけやつぶやきも極力しなくなります。

　これらの勘違いの結果、子ども達を放任してしまっていることになるのです。そうすると、そのうちうまくいかなくなります。

Point!

□　「シンプル」になるためには、あくまでも前段階がある。

　成熟したクラスにしている実践者にしても、いきなり「シンプル」なやり方からはじめているわけではないです。それまでには、たくさん語り、ほめ、感謝するなどのいろいろなテクニックを「盛って」いるのです。一足飛びに成熟した形だけをなぞっても、うまくはいきません。

　「成熟すると、あのようになるのだ。すごいな。」
と思うくらいにとどめて、目の前の子ども達に自分ができること、しなくてはならないことを試行錯誤しましょう。

　また、成熟したクラスを見たり、そのイメージをそうではない自分のクラスとくらべたりすると自分の実践が「なんちゃって『学び合い』ではないか」と不安になります。特に自分のクラスがあまりうまくいっているように感じられないとそう思います。私がそうでした。自分のやっていることを勝手に不安に思っていました。

大丈夫です。たいていの実践者は同様につまずき、悩み、失敗し、苦しんできたのです。

まずは、自分が「１人も見捨てないことを本当に願っているのか？」、「それを胸に子ども達と毎日向き合えているのか？」をふり返ってみましょう。「本当にこれでいいのか？」と悩んでいるくらいでちょうどいいのです。

そして、いろいろな『学び合い』の会などで、実践者と話をしましょう。特に苦しんだ経験、失敗した経験を聞き出してみましょう。案外みんな同じ道を通ってきています。それを聞くだけでも安心できます。

教室は自分自身の鏡である！

偉そうなことを言っているようで恐縮なのですが、つねづね「教室は自分自身を写す鏡」だな……、と本気で思います。

教室で起こっていることはすべて教師のせい、とまでは思いません。しかし、教室の様子で気になることがあれば、自分自身をふり返ってみるくらいがよいのではと思うのです。

ほかの子から、きつくあたられている子がいたら、

「自分はあの子にきつくあたっていないかな。」

ほかの子から、低く見られている子がいたら、

「自分はあの子を低く見ていないかな。」

『学び合い』って、残酷です。教室の中の「今」をまざまざと見せつけられますから。従来型の授業では自分が見ようとしなければ見えなかったところが見えてしまうのです。

それに対して、子ども達のせいにしていても仕方ありません。言い訳にしかならないのです。でも、自分を責めてもいけません。それでは何も前進しませんし、子ども達のせいにするのと変わりません。現れ方が違うだけで、同じことをしているだけです。

教師がしなくてはいけないのは、なぜこうなっているのかを考えること。そして、どうすればいいのかを試行錯誤しながら、あれこれ試してみることです。もちろん、教師１人では難しいことです。だからこそいろいろな人とつながっていくことが必要なのです。

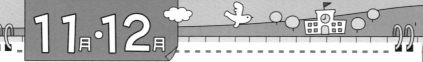

さらにステップアップをねらう！

私見「成熟した」状態とは？

『学び合い』をはじめてしばらく経つと、集団が成熟してきます。成熟した集団に今までと同じことを求めていては、やがて停滞につながります。次の段階にステップアップすることを考えましょう。

どのような状態をもって成熟した状態というのかを説明するのは簡単ではありませんが、私の場合はおおよそ次のようなことを目安にしています。

Point!

☐ 教師の意見に引きずられない。

子ども達同士がお互いに学び合うことに慣れてくると、次第に教師の説明が絶対ではないことを理解するようになります。
「自分にとっては先生の説明よりも、○さんの説明の方がよくわかる。」
そういったことがあるのを実感するようになるのです。
それを見極めようと思えば、子ども同士が話し合っているところに（話の継ぎ目をねらって）教師が説明をしてみましょう。説明していた子が離れていったり、黙って聞くだけになってしまうようなら、まだ「早い」かもしれません。

Point!

☐ 「暇な子」が出にくくなる。

「早くおわってしまって暇になる子」の出にくい状態（まったく出なくなることはないと思います）は、成熟してきていると言ってよいのではと思っています。「自分で考え、判断をしようとする」子が一定数以上いる状態と言えます。

単元を丸ごと任せる！ ① 〜方法〜

　クラスが成熟した状態になると、「単元を丸ごと任せる」ことがやりやすくなります。これは、別に成熟していなければやってはいけないという意味ではありません。ただ、やりやすくなるのです。

　単元を丸ごと任せるというのは、９時間単元なら９時間分の課題をまとめて最初に子ども達に提示します。課題の一覧表を子ども達に配るわけです。

　子ども達はおのおののペースで学習を進めていきます。テストをするのであれば、設定された時間がおわった後にテストをします。子ども達へは、

　「９時間の単元だから、○月□日にテストをするよ。」

と、予告をしておきましょう。

　「方法」としては難しいことではありません。結局、毎時間やっていることをまとめて「ぽん」と子ども達に渡してしまうわけです。子ども達にとっては、ここまでやってきたことと変わらないのです。難しいと感じる原因は、おもに教師側の内面にあると言えるでしょう。

　『学び合い』で子どもに任せることがある程度できるようになっても、単元全体を子どもに任せるというのは不安がつきまとうものです。逆に不安に思わずにトライできるようなら、そちらの方が危ないと私は思います。よほどの「確信犯（または、ふり切っている人）」か「狂信的な人」、あるいは「何も考えていない人」です。

　単元を丸ごと任せるかどうかを決めるためには、次のことを考慮に入れるとよいと思います。

Point!

- ☐ クラスはある程度成熟しているか？
- ☐ メリット・デメリットを理解しているか？
- ☐ １時間（45分）のうち30分、子ども達に任せることができるか？

　先ほども述べましたが、成熟しているとやりやすいからです。絶対条件ではないですが、失敗しにくくなります。

　メリットとデメリットは、これを考えずにやることは無責任と言っても差し支えないです。

そして、1時間授業（45分）のうち、3分の2程度も任せることができていないのであれば、まだ「丸ごと」には手を出さない方が無難です。

単元を丸ごと任せる！② ～メリット・デメリット～

単元を丸ごと任せることにはメリットとデメリットがあります。

1 メリット①「それそのものが『より高い課題』である」

クラスがある程度成熟してくると、より高い課題を子ども達に提示する必要が出てきます。なぜなら、同じレベルのことをくり返していると、次第に慣れてきてしまうからです。慣れることが悪いことだとは言いませんが、クラスの停滞ももたらします。すると、停滞を防ぐためにより高い課題を工夫する必要が出てきますが、高い課題を工夫しつづけることは正直難しいです。（何せ、課題づくりそのもので苦しんでいることが多いのですから……）

2 メリット②「子ども達の自由度が上がる」

単元全体の見通しをもちやすくなることで、子ども達自身で自分の取り組み方を工夫する余地も広がるでしょう。学習内容によってかける時間の軽重も、子ども達自身で判断できるようになるのです。うまくいけば、より学習が効率的に進むようになります。

3 デメリット①「『失敗』したときのダメージが大きい」

単元丸ごとの『学び合い』では、今まで1時間の授業中に起きていたことが単元全体のスパンで起きてしまいます。

たとえば、クラスの中に理解の進みにくい子が授業の中盤以降までだれにも関わってもらえない場合や、一緒に学習を進めていたにも関わらず間に合わなかった場合、多くの子が課題をおえてしまっている状態になるのです。このとき、クラスが成熟していないと暇になった子は遊び出します。

これが単元全体でくり広げられるようになるのです。数名の子は間に合わずに苦しい状態（単元の学習内容がおわらないことも、十分あり得ます）で、少なくない子が単元終盤のかなりの時間暇をもて余します。これらは1時間の中であっても結構きついものがありますが、それが単元のおわりまでつづくのです。

4 デメリット②「教師が不安になる」

デメリットのことを考えすぎて教師が不安を感じていると、子ども達はそ

れを見抜きます。

「任せる、と言ったけど先生は本当は任せていない。」

そう感じると、子ども達の動きは当然ながら鈍くなります。そうなると単元を丸ごと任せる意味がありません。

単元を丸ごと任せる！ ③ 〜実践例〜

単元丸ごと任せるときには、次のようなことに気をつけて行いましょう。

1 算数・国語でやるのは慎重に

算数は学年が上がるほど、前の学年の積み残しが学習に影響します。教室には6年生の段階でたし算・ひき算を十分身につけていない子と、中学受験を控え小学校段階の算数レベル以上のことをやっている子が一緒にいる可能性があるのです。それ自体は悪いことではなく、「それでも1人も見捨てず、みんなが達成することを目指せる集団」であることが大切です。だから算数では「成熟」していることを前提に取り組みます。

逆に単元を丸ごと任せながら、逆にこういった経験を積むことでクラスの成熟を目指すことももしかしたらできるのかもしれませんが、ある程度以上の見通しと割り切り、そして粘り強さが必要でしょう。

国語の場合は、単元後のテストにある程度解答できる（全員80点以上など）くらいを目指すのであれば、別に問題はありません。どんどん試しましょう。

しかし、いつものテストで問うている以上の「深い読み」を目指す「問い」であれば、教師の介入が必要な場合もあります。そのときには教師の意見を「答え」ではなく、「多くの意見の1つ」ととらえることができるクラスに成熟していないと、子ども達が自分達で考えなくなってしまいます。

2 はじめはクラス全体の進行状態を「見える」ように

クラスが成熟していれば、子ども同士の交流も進みやすくなっているでしょうから、ネームタグなどは使わなくなっているかもしれません。

ただ、子ども達にとって単元を丸ごと任されるという環境の変化は、お互いの達成状況を把握しにくくするかもしれません。あえて、こういった道具をもう1度使用するのもよいと思います。

しかし、単元丸ごとのときはネームタグは使いにくいので、クラス名簿を

使っています。名簿上部に単元名を書き、表に課題番号を順にふって、授業がはじまるときにA3用紙にコピーして前の黒板など子ども達に見えるところに貼っておきます。

すると、できた子からそこに印をしていくので全員が遅れがちな子に気づきやすくなり、早く進んでいる子には「教えて」と頼みやすくなるのです。

▶クラス名簿を使った課題達成表。

3 時間の管理をうながすために

単元を丸ごと任せる場合、はじめの頃は課題一覧表の中に日付をつけておきましょう。「1時間ごとにしっかり進めていれば、この時間ではここをやっているはず」ということを確認できるようにするためです。

「先生、その日にそこをしないといけないのですか？」

と、尋ねられるようなら、

「いえ、だいたい今どのくらいのところまで進んでいるかの目安です。その通りに進めなさいという意味ではありません。」

という具合に、あくまでも目安の1つであることを伝えるようにします。「この日にはここをやらないといけない」と思わせてしまっては、単元を丸ごと任せる意味がないです。

「みんな、この日には○ページまで進んでおこうよ。」

「僕、課題の○番まですんだら、とりあえずまだそこまでいっていない人を見るよ。」

といった時間管理に関わる話が子ども達の中から出てくるようであれば、もう日付は必要ないので表に書くのをやめていきます。

4 「本当にわかっているか？」と不安になるあなたに

子ども達が本当にわかっているかをたしかめたい、という思いはわかります。それは結局自分の不安を和らげたいだけなのですが、毎時間小テストなどをしていては単元を丸ごと任せる意味がありません。それでも不安に思う場合は、「中間テスト」をやってみてはどうでしょう。

単元の途中で、前半の内容について確認する小テストの時間をとっておくのです。こうしておけば、小テストの日までにそこまではおえておく必要性を子どもは感じますし、どの程度わかっているのかの確認にもなります。

　ただ、これは「子どものため」というよりは、あくまでも「自分（教師）の不安を和らげるため」ですが。

邪魔なものを「削る」！

　「シンプル」であることにこだわる必要はありませんが、やっているうちにいろいろなものが邪魔になってきます。あったからといって破綻するわけではありませんが、シンプルにしていく方が子ども達がより自分の考え・ペースで活動をしていくことができます。

　シンプルを目指すのは、あくまでそちらの方がより子どもの自由度が大きくなったり、活動が妨げられにくくなったりするためです。

　ですが、それら現在では無駄なこと、邪魔なことを削って省いてシンプルにするためには、はじめはいろいろと試みて「盛って」いる必要があります。

　そして、子ども達にとって本当に邪魔なのか、無駄なのかは子ども達を見取っていけばわかります。もしもわからないのであれば、直接子ども達に尋ねればよいのです。

　「今やっている○○って、必要？　なくてもいい？」

　子ども達はきっと答えてくれるはずです。たとえば、

　「別に……。」

と答えが返ってくるのであれば、もう彼らには必要のないことなのです。

　はじめに目指していく形があって、そこに近づけていくのではなくて、子ども達が動きやすいようにしていった結果がシンプルな形となっていくのです。では、どのようなものを削っていくことになるのでしょう。

1 ほめる・感謝する

　『学び合い』初期ではほめる・感謝するは必須です。これを怠るとクラスは停滞します。ですが、次第に１つひとつが当たり前にできるようになってくると、やたらとほめ言葉をかけるのは邪魔になります。

　判断の鍵は子ども達の反応です。ある行動をほめても子ども達の反応がうすければ、それは子ども達にとって当たり前になってきたということです。

2 可視化

　黒板に貼るネームタグはもとより、「できている子」、「困っている子」のそばで大きな声でつぶやくことも徐々に削っていきます。子ども達同士の交流が進めば、そのようなことをいちいちアナウンスしなくても子ども達同士で気づくことができるからです。

　つぶやきについては一気になくしていくというよりも、徐々に言葉や行動を削っていく方がよいかもしれません。

　たとえば、１人で困っている子がいた場合、はじめは限定するように、

📣「○さんが困っているよ〜。みんなにわかってほしいんだけどな〜。」

とか、その子の近くで、

📣「みんなにわかってほしいんだけどな〜。」

とつぶやきます。次第にその言葉で周りがフォローできるようになったら、次は少し離れた場所から、

📣「○さん、困っている？」

と、つぶやきます。それで周りの子達がすぐ反応できるようなら、

📣「困っている？」

と、だけつぶやくようにしていきます。その頃になれば、名前を抜いていても、周りの子達はその言葉だけでだれが困っているかきっと気づくことができるはずです。

3 ワークシート類

　81ページでもふれましたが、ワークシートなどを利用する場合、それを使って学習するかどうかの判断は子ども達１人ひとりに委ねるようにしています。用意した「教材、教具」は（それが時間をかけてつくったものであればあるほど）使いたくなるものです。ただ、学習するのは子ども達です。つくったものを使わない「勇気」をもつことも大切です。

「ちょっかい」をかけてみる！

　「削る」というのとは矛盾して見えるかもしれませんが、集団が成熟してくると子ども達は教師の言葉には引きずられなくなってきます。すると、あえて「ちょっかい」をかけることができるようになります。

　教師はもともと教えることが好きです。（そのために教師になった人は決

して少なくないと思います）その思いをひたすら閉じ込めて黙っているのは結構つらいものです。また、10人以下の人数が多くないクラスではなかなか多様な意見や考えが出てきにくいときもあります。

「ちょっかい」とは、そんなときに教師が「クラスのメンバーとして授業に参加すること」だとも言えます。

ただ、いくらクラスが成熟しているといっても教師がしゃべりすぎては、子ども達の学習の妨げになります。そうなってはもとも子もありません。

私が「ちょっかい」をかけるときには、次のことに気をつけるようにしています。

Point!

☐ 個人にするときには、少し離れた場所から周りの子の様子も気にとめてする。

☐ かけはじめは回数を制限する。最初の1週間は、1時間に1回にとどめるなど「マイルール」を決めておく。

☐ 「マイルール」が守れなかったり、しゃべりすぎたと感じたりしたときには、次の2〜3時間はやらないようにする。

☐ 声をかけた後には、
「先生の解き方があなたにあっているかどうかはわからないけどね。」
「ほかにもよい考え方があるかもしれないけどね。」
といった一言を添えるようにする。

このような形で、はじめは「腫れ物に触るような」感じでおそるおそるやってみるとよいと思います。

こうしたちょっかいは教師自身の個人や、全体につぶやくことの練習にもなっていきます。クラスをステップアップさせるためには、教師自身も試行錯誤しながらステップアップしていく必要があるのです。

■ つぶやく！ ① 〜その方法と注意点〜

子ども達の様子がある程度見取れるようになり、子ども達に「ちょっかい」をかけることができるようになってくると、つぶやきは大きな武器となります。つぶやくことで子ども達に今現在のクラスの状況を知らせ、1人ひとり

が状況にあわせて判断できるようにするのです。

「つぶやく」といっても、ずっと独り言のようにしゃべりつづけているわけではありません。そんなことをしていては子ども達が落ち着いて学習に取り組めませんし、慣れてしまった子ども達の心にはとどきません。

Point!
- □ 少し停滞しかかっていて、流れを変えたいとき。
- □ 特定の意見のみに流されていて、別な視点からも考えてほしいとき。

こういった修正点を見つけたときに、ポイントをしぼってつぶやくのです。ピリッときかせる香辛料のようなものです。

つぶやくときには、次のことに気をつけるようにしています。

Point!
- □ つぶやいた方がよいのか、様子を見るのか、後のふり返りでも間に合うのかを１度自分の中で考える。
- □ できるだけ短い言葉で、簡潔につぶやく。
- □ 全体を、個人を見て感じたこと、状況を伝えるようにつぶやく。
- □ できるだけ感情を込めずに、淡々とつぶやく。

流して様子を見ても差し支えないこと、授業の最後にふり返りで語ればよいことならばつぶやきません。たくさんのつぶやきは、はっきりいって邪魔だからです。つぶやきは必要最小限でないと効果はありません。だらだらとしゃべっていては、子ども達に伝わらないのです。

できることなら、単語に近いくらいまで削りましょう。あくまで指摘に対して子ども達がどうすればよいのかを自分で考え、それを行動に移す余地を残しておくのが大切です。

つぶやく！② ～具体的な場面～

ある子がおわった課題のプリントをだれかに見てもらおうとしていました。ただ、その子はなかなか周りの子にそれを言い出すことができませんでした。

周りの子も自分たちの課題に取り組んでいたり、話し合うことに集中して

おり、その子に気づくことはありませんでした。

　私は最初、その子の背中を押すつもりでささやきました。

🔈「待っているだけじゃ、何も変わらないよ。」

　その子はそれでもやはり言い出しかねている様子でした。

　少し様子を見ていましたが状況が変わらないので、私は周りの子に「引っ張って」もらうことにしました。

　そこでみんなに聞こえるようにつぶやきました。

🔈「時間がもったいないよ。」

　すると子ども達のうち、話し合っていた数名がそれぞれ自分の席に戻りはじめました。

　私は、「ああ、失敗した。」と感じました。どうやらその子達は、話し合いが盛り上がりすぎていたのをとがめられたと感じたようでした。

　そこで私は、再度つぶやくことにしました。

🔈「時間がもったいないよ、待っているだけじゃ。」

　これで子ども達は、「だれかが何かを言い出せずに止まっている」、「その状態がつづくと、全員達成が間に合わなくなる」ということに気づきました。

　いくらも時間が経たないうちに、言い出せずに黙っていた子の存在に気づいた子が出てきました。

　「○君のプリント、確認できる人いる？」

　応じる子が現れ、学習はそのままつづきました。

　このときはこのようにつぶやきましたが、「だれか、○君のプリント確認してほしいな。」と直接呼びかけ、教師が手の空いている子を見つけてその子につなぐ方法もあります。

　どちらの道を通っても、同じ結果にはつながったでしょう。ただ、結果だけが大事ではないと思います。今起きていることに対して、子ども達自身でどうすればよいのかを考え、実行できるようになるためには、結果に向けて通る道が大切であると思うのです。

『学び合い』で授業以外での考え方も変わる!

朝の会や行事の考え方が変わる!

　私が『学び合い』と出会うことによって変わったのは、授業だけではありません。授業以外で変わったことについて、朝の会と行事を例にとってみましょう。

　『学び合い』に出会ってから何より変わったのは、以下の2つです。

Point!

- ☐ 授業時間の確保を意識するようになった。
- ☐ 1つひとつの活動の意味を考えるようになった。

　たとえば、それまでは朝の会が長引いてしまい、1時間目に食い込むことが少なくありませんでした。そして、その内容についても、「よその実践で見て、とりあえずやってみたいものを取り入れる」程度のことでした。その辺りが変わってきたのです。

　まず、1時間目がはじまる時刻には切り上げることを意識し、それを子ども達にも伝えるようになりました。そして、朝の会をやる意味についても子ども達に投げかけ、限られた時間の中でどのようなことができるのかを一緒に考えるようになりました。

　たとえば、ある年に私が子ども達に提示した朝の会の意味は「家モードから学校モードへの切り替え」でした。

　さらに「授業時間は確保したいので、1時間目のはじまりの時刻にはおわること」、「健康観察とその日のおもな連絡事項は必要があるので入れてほしいこと」を伝えました。

　そのうえで子ども達が話し合った結果、朝の会の内容は次の通りになりました。

```
あいさつ
健康観察
連絡
朝の歌
サークルトーク
（みんなで輪になり、１つのテーマについて思い思いに話をする）
```

　行事についても同様です。「なぜそれをするのか」ということを自分なり
に考えて子ども達に語り、そのうえで「どのようにのぞめばよいのか」を話
し合うようにしました。

　たとえば運動会の入場行進の練習前には、こう投げかけました。

教師の語り

私「運動会と、普通の体育とはどこが違うでしょうか？」
子「お客さんがいるところですか？」
私「そうです。見る人がいるということですね。
　　入場行進はその見る人達に『これから運動会がはじまりますよ。
　　しっかりと見て下さい』と知らせ、自分達も『これから自分達の
　　姿を見てもらうぞ』と気持ちを高めるためにあります。
　　そうするためには、どんなことに気をつけていけばよいでしょう。」
子「元気よく歩く。」
私「そうですね。そしたら周りから元気よく見えるためには、顔が見
　　える必要がありますね。そして、手をしっかりふること、足を引
　　きずらずに上げて歩くこと、が大切です。期待していますね。」

　後は練習で７割程度できていたら、しっかりとほめるようにしました。そ
れだけで子ども達の動きが変わってくるのです。

　運動会がおわった後には、ある先輩教師に言われました。

「今年の運動会練習は気持ちがよかったな。だって、運動会の練習という
　といつも怒鳴り声が聞こえていたものだけれど、それが１つもなかった。
　そういうことをしなくても、子どもはちゃんと動くんだね。」

『学び合い』当たり前リスト②

Point!

- ☐ 授業中は子どもの表情、声の大きさ・トーン、目の動きに注意。(41)
- ☐ 授業中の子どもの視線に気をつける。子どもの目が教師を向いているときには何かある。(42)
- ☐ クラスの中の「中心に据える子（気になる子）」を決めて見取る。その子の変容は、集団の変容のバロメーターになっている。(43)
- ☐ 離れた位置から全体を見る。近寄りすぎると集団が見えない。(44)
- ☐ 授業風景をできるだけビデオに撮る。なんとなく、でいいから気になった場面、「中心に据える子」とほかの子との関りなどを。(45)
- ☐ 撮ったビデオは、なるべくその日に見返す。15分程度でいい。そのとき気になったこと、気づけなかったことを見る。(46)
- ☐ ビデオはしばらく間を置いてから、もう1度見るようにする。1度目は気になることの正体をはっきりさせるため。2回目はその周りでどんなことが起きているのかを確認するため。(46)
- ☐ ビデオは機会があれば、ほかの人と一緒に見る。ふり返る視点をあたえてくれる。(46)
- ☐ 授業中は最後に投げかける言葉を考える。(47)
- ☐ 子どもも教師も無理はしない、させない。でも、ほんのちょっとだけ背伸びをする。(47)
- ☐ 教わる子は教える子と同じか、それ以上に集団に貢献している。(48)
- ☐ 「全員達成できなかったね」と「全員達成できなかったけど」を区別する。要はもっとやれるはず、と思うかどうか。(51)
- ☐ 何かを投げかけた次の時間は集中する。それを変えようとする子がいるはず。(52)
- ☐ 「教えて」は「教えようか」の100倍勇気がいることを知る。(57)
- ☐ 子どもからの問いかけには、短く答える。無理にほかの子とつなげない。関りを求めてきている子どもを無視してはいけない。その子は「見捨てられた」ととらえてしまうから。(62)

（「『学び合い』当たり前リスト③」121ページへつづく）

\ まとめる! /

3学期

次の学年につなげる

1月・2月
チェックしてみる！③
～再度、クラスの様子を～

つなげる事を意識する！

　３学期に入ると、卒業・進級や次の年度を見据えていく必要が出てきます。

　私は子ども達に10年後、20年後、それ以降どんな大人になっていてほしいか、を考えることがとても大切だと考えています。そのイメージしたことから逆算して、「どんな高校生や中学生になっていてほしいか」、「どんな形で卒業してほしいか」、「どんな形で今年度をおえるのか」……。

　それを考えていくと、次の年度にだれが担任をしても子ども達が困らないようにしていくことを考えながら過ごしていく必要が出てくるのが、３学期という時期だとも思います。

　現在『学び合い』のスタイルで授業をする教師は多数派とは言えません。そうなると、目の前の子ども達も、来年度は従来型の授業を受けることになるでしょう。来年度の担任は新採用の方かもしれませんし、従来型の中でも講義形式の授業が中心の方かもしれません。本当に将来の子ども達のことを考えるのならば、不適応を起こさないよう来年度のことも考えておかなくてはならないのです。

　しかし、これらのことは授業を従来型の一斉指導に「戻す」必要があるという意味ではなく、次に「つなげる」ために困らない状態かどうかをチェックしておく必要があるという意味です。

　次の３つのことをクラスの様子を見てチェックしましょう。

Point!

- ☐ 「立ち歩き」が減ってきているか。
- ☐ 「信者」にしていないか。
- ☐ 最低限の学習規律を保てているか。

「立ち歩き」が減ってきているか？

　実は、3学期まで『学び合い』の形で（いろいろ山あり谷ありであったにせよ）何とかうまくやってこられると、4月頃とは子ども達の様子が変わってきていることに気づくと思います。それは、子どもの「立ち歩き」が減ってくるのです。

　もしもビデオで定期的に授業の様子を撮られているのなら、子ども達の様子を以前とくらべてみて下さい。

Point!
- □　声の大きさはどうか。
- □　立ち歩きの頻度はどうか。

　いずれも年度はじめの頃ほどではなく「落ち着いた」雰囲気に変わってくるのです。
「自分1人で考えるときには、自分の席で考えなさい。」
と言ったわけでなくても、自分1人で考えたり、机を動かしたりすることも減ってきます。

　以前はそれが不思議でした。ですが、最近になってその意味がわかるような気がしてきました。教師の方でむだを削っていくのと同様に、子ども達もむだなことを削っていくようになるのです。

　授業中、自分1人で解決できることに、わざわざ人の助けを借りようとするでしょうか。しませんよね。だから自分でできることは、まず自分1人でやろうとします。「困ったときには声を上げればだれかが助けてくれる」そう思えるクラスであれば、子ども達は安心して「1人で考える」ことができるようになるのです。

　ずっと、ほぼ全員が前を向いて黙って学習を進めていても、
「困ったな……。」
と、だれかがつぶやいたり、
「ねえ、この問題、どうやって考えればいいかな。」
と、だれにともなく話しかけたりすれば、座っていた子ども達の何人かが反応し、動き出します。座って学習をつづけている子もさりげなくその様子を

第3章　まとめる！　3学期　〜次の学年につなげる〜　　109

チェックしている、そういう姿が見られるようになってくれば「よい感じ」と言えます。

　自分の課題が一段落した後、

　「わからない人？」

と、呼んでまわっているような子どもはまだいるでしょうか。クラスが成熟してくれば、そういう子はいなくなってくるはずです。本当に「わからない子」、「困っている子」というのはなかなか声に出せず、じっと１人で困っているか、学習とは違う行動に走ってしまうか、ということをわかってくるようになるのです。

　だから、１年のおわりが見えてきた頃には、自分の課題が一段落した子はいろいろな子の間を回りながら、黙ったままほかの子の学習している手元をチェックするようになります。ちょうど机間指導をしている教師のような姿です。

　また、立ち歩かない子も周りの子に無関心になってきているわけではありません。時折手を止めて、周りの様子をチェックするようになります。

　「みんなは課題に取り組めているのか。」

　「困った様子の人はいないのか。」

ということを気にかけているということです。

　そういう姿が見られるようになってきたら、授業のふり返りのときに子ども達にそのことを伝えるようにしたいものです。

教師の語り

　「最近のみんなは、やたらと動き回ることが減ってきましたね。それはすごいことだな、と思います。

　立ち歩かないことがよいことだというのではなくて、必要のあるときだけ動くようになってきたということです。意味のないことはせず、自分たちで必要なことが何かを考えながら行動できるようになってきたということです。決して周りの子に無関心というのではなく、ちゃんとみんながわかっているかを歩きながら、または座ったままでもチェックしていますね。

　また、『助けて』という人が出たら、さっと何人も寄っていけています。教室が安心して学習できる場になっているということですよ。」

「信者」にしていないか？

　私には苦い思い出があります。『学び合い』をはじめてそれほど間がない頃です。

　その子はいわゆるやや「落ち着きのない子」でした。ですが、『学び合い』にフィットしたらしく、積極的に学習に取り組むようになりました。

　そして翌年、その子は『学び合い』をすることを新しい担任に求め、それがかなわないと知ると荒れはじめたのです。気づかぬうちに、私はその子を『学び合い』の「信者」にしてしまっていたのです。今にして思えば、その頃の私は『学び合い』の形にとらわれていたのかもしれません。次へつなぐ意識も、それほどもっていなかったように思います。

　子どもを『学び合い』の「支持者」にすることは必要です。教師の取り組みを支持してくれなければ、日々の営みは成り立ちませんから。

　しかし、支持者と信者は違います。子どもが教師の多様性を否定することは、お互いのためになりません。子どもや、保護者が教師にむりやり『学び合い』への取り組みを強いることは絶対に避けなくてはならないのです。

　『学び合い』に取り組むことを強いられて、無理矢理（または何となく）取り組んだところでうまくいくはずはありません。逆に「うまくいかないこと」を期待して、いい加減にやるかもしれません。「ほら、やっぱり役に立たないでしょう？」という言い訳をするために。それではだれにとってもよいことはありません。

　本来『学び合い』と従来型の授業とは、くらべて優劣を論じるようなものではないはずです。二項対立的にとらえることは、自分たちの視野を狭くするだけです。そもそも「考え方」と「方法」をくらべてもまったく意味がないのです。

　教師自身がどのように考えるかは、１人ひとりの自由です。「『学び合い』しかない。」、「『学び合い』最高！」と考えるのも１つの自由です。子どももまたどのように感じていようが自由です。

　ただし、それをさも正解がそれしかないかのように子どもにすり込むようなことはしたくないものです。

　そこで、この時期に次のことをチェックしてみる必要があります。

> **Point!**
>
> ☐ 子ども達が従来型の授業について批判的に言及していないか。そして心のどこかで、それを喜んでいる自分がいないか。
> ☐ 「来年も『学び合い』がしたい。」にとどまらず、「『学び合い』でないと嫌だ。」というようなことを言っていないか。そして心のどこかで、それを喜んでいる自分がいないか。
> ☐ 子ども達が学校での決まりや学習規律に対して、批判的に言及していないか。そして心のどこかで、それを喜んでいる自分がいないか。
> ☐ 自分自身が従来型の授業を否定するようなことを、子ども達に言っていないか。
> ☐ 自分自身が従来型の授業と『学び合い』とをくらべるような言い方を、子どもにしていないか。そして、『学び合い』の方が優れているというような言い方をしていないか。
> ☐ 自分自身が学校での決まり（学習規律等）について、批判的なことを子ども達の前で言っていないか。

「最低限」の学習規律を保てているか？

　『学び合い』を10か月程度つづけてきて、破綻なくこられたのなら、気をつけて見てみましょう。「『学習規律』保てていますか？」

　『学び合い』では学習規律に目くじらを立てなくても、芯さえ外さなければ授業が成立します。しかし、本当のことを言うと「規律」をいい加減に考えている人の授業はほころびが出ますし、『学び合い』であってもそのうち破綻します。そうならないためにも、子どもの様子をチェックしましょう。

> **Point!**
>
> ☐ 授業のはじめとおわりのあいさつのときは、姿勢を正している。
> ☐ 教師の話を聞くときは、手を止めて教師の方を向いている。
> ☐ 呼ばれたら聞こえるように返事をしている。
> ☐ 普段の会話では、くだけて話をしていても、授業中には「です、ます」をつけるなどの改まった話し方をしている。
> ☐ ノートの字がある程度の間隔で、読める程度には整っている。

　これらができていないのであれば、次の年度「子ども達」が確実に苦労をします。ほかにもあるかもしれませんが、私はこれくらいのことはチェックするようにしています。
　学習規律についてつけ加えると、私自身は学習規律のほとんどは、授業を進めるうえでの教師の「都合」だと思っています。
　「あいさつをするときの姿勢が崩れていたり、いい加減だと教師である自分が不愉快だから。」
　「話をするときにこちらを向いて、動きを止めてくれないと話しづらいから。」
　「聞こえるように返事をしてくれないと、ちゃんと聞こえたかどうかがわからないから。」
　「授業中に改まって話してくれないと、切り替えができていないようでこちらが不愉快になるから。」
　「ノートの字が読める程度に間隔を開けて整っていないと、こちらが読みづらいから。」
　よく考えてみると、このような理由のはずなのです。それに対して「もっともらしい理屈」をつけるから、さも子どもの「義務」であるかのように錯覚します。そうすると、できていないときに叱る対象となります。
　そもそもが「自分の都合」ということをふまえておけば、できていることが「喜び」となり、感謝する対象となります。少なくとも、できて当たり前ではなくて、「ほめる対象」にはなります。
　学習規律（本当は授業規律と呼ぶべきでしょうが）は教師側の都合ということをふまえるだけで、今の教室で起きている問題の多くのことが軽減されると考えています。

　それでも子ども達は柔軟です。『学び合い』の形で１年間過ごしていたとしても、次年度従来型の授業をするようになれば、それはそれで受け入れるでしょう。もちろん、『学び合い』の方がよかった、と考える子どももいるかもしれませんが、それそのものは問題ではありません。いろいろな「型」の授業を受け入れられるように育っていることが大切です。

第３章　まとめる！　３学期 〜次の学年につなげる〜

3学期にできることとは？

『学び合い』は3学期からはできないか？

　3学期は1・2学期にくらべて、あっという間におわってしまうイメージがありますよね。今までいろいろな方とお話しさせていただいた経験から、『学び合い』をはじめる場合は、新年度や2学期からという方が多いように感じています。

　私自身のお話をすると、はじめて『学び合い』に取り組んだのは、実は3学期からでした。冬休み中にインターネットで『学び合い』の存在を知り、西川先生のホームページから「手引き書」をダウンロードしてくり返し読んで、冬休み明けからはじめたのです。

　もしも『学び合い』を年度の途中で知った方や、やろうと思いながらも躊躇してしまいタイミングを逃してしまった方は、3学期から挑戦してみるのもよいかもしれません。『学び合い』自体はいつからでもはじめることができます。特に子どもの側に準備などは必要ありません。準備が必要なのは教師の方だけです。本来は思い立ったときからはじめても大丈夫なのです。「やってみたいけど……、やはり新学期から……。」と躊躇していては、おそらく新年度になってからもはじめることはないでしょう。

　また、3学期から『学び合い』に挑戦してみることには、メリットもあります。

Point!

- ☐ 途中でうまくいかなくなることがあっても、年度末には「リセット」できる可能性が高い。
- ☐ うまくいかないことがあったときには、何がいけなかったのかを春休みのうちにふり返り、修正することができる。

ただ、3学期からはじめる際には気をつけておきたいこともあります。

Point!
☐ きちんと「手順」をふむ。

途中からはじめるとき、なんとなく語りをうやむやにしてしまいがちです。しかし、「はじめの語り」（15ページ）をしないではじめても、まずうまくいくことはありせん。

「今日からみんなが課題達成できることを目指した授業をはじめます。」

この程度の語りで「何となく」はじめても同様です。子ども達が「何か授業のやり方が変わるらしいな……。」程度の認識しかもたないようでは、『学び合い』は成立しません。しっかりと語りましょう。

Point!
☐ できそうなことからはじめる。

「いつからでもできる」とは言っても3学期です。いきなり欲張らない方がよいでしょう。できそうな教科、できそうな単元、できそうな1時間、どれでもよいです。ただ、任せるときはしっかり時間をとって、子ども達に任せきりましょう。4～5分では子ども達には変化は起きません。

Point!
☐ 「『学び合い』サイコー！」でおわらないようにする。

『学び合い』は、はじめて1か月くらいは「ハイ」の状態がつづくときがあります。それは、教師も子どもも両方です。

子ども達にとっては、じっと座っていなくてもよくなり、わいわいがやがやと学習できるのです。そして、教師の側は「活き活きと」行き来し、やりとりをし合う子ども達の様子を見て「うるうる」します。

そして、いろいろなほころびを見逃したまま年度おわりを迎えます。きれいな部分、すてきな部分しか気づかずにおえた結果、自分の実践のふり返りをきちんとしないままに新年度を「ハイ」な状態で迎えることになります。

その状態で、新年度から『学び合い』にすぐ取り組もうとすると、まず確実にこの年は失敗するでしょう。

第3章 まとめる！ 3学期 ～次の学年につなげる～

3月だから挑戦してみよう！

Point!
□ 1日を丸ごと任せてみる。

「単元を丸ごと任せる！」（94ページ）ができたなら、次のステージとして「1日を丸ごと任せてみる」のもありです。私が3月（早いときは2月）に行っていることを紹介します。国語・算数・理科・社会などのほとんどの教科で今年度の内容がおわり、課題が「○年生の復習」になったときに行っています。

> ① その日の各教科の「課題一覧」をつくってプリントにする。
> ②「1日すべての時間割を『みんなの課題解決の時間』とします。」
> 　と言って、子ども達が思い思いに課題に取り組む時間にする。
> ③ その課題一覧からそれぞれ選んで、みんなが取り組む。

このようにすると、算数に取り組んでいる子の隣で漢字練習をしたり、作文を書いたり、読書をしたり……、ということが起きます。そして、各自好きにやっていても、

「ねぇ、この問題がわからないんだけど……。」
と声が出れば、それに反応した子達が集まってきて相談し合います。

全体の進捗状況が心配になるなら、「単元を丸ごと任せる！」ときと同様に、チェック用の課題達成表もつくっておくとよいです。だれがどの程度おわっているかが、どの子にもわかりやすくなります。

1日の時間の使い方を自分達で裁量できるようになれば、課題自体に凝らなくてもより自分達で考え、行動することを子ども達に求めることができます。

▶「1日を丸ごと任せてみる」の課題達成表。

まとめ、つなげるために最後に「語る」！

一斉指導した方がよいか？

　年度末が近づいてくると、あるいは近づいていなくてもふと考えることがあるはずです。
　「来年度のこの子達は、従来型の授業（一斉指導）をきっと受ける。」
　それを感じて、不安に思うことがあるかもしれません。
　「子ども達が一斉指導で授業を受けることができるように、一斉指導も混ぜておいたほうがよいのではないだろうか。」
というようなことで、迷うことがあるかもしれません。
　しかし、ただただ来年度のために仕方なくということを意識して一斉指導を行うのならばやめたほうがよいです。何度も言いますが、形にこだわってもいいことはそれほどありません。自分が「教えたい」、「教えるべき」と感じたなら、または『学び合い』の「形」で授業がイメージできないのなら一斉指導すればいいです。ただただ、義務として行うのならそれは無理をすることになります。
　子ども達は有能です。そして柔軟です。環境が変われば、その環境に少なくない子は適応していこうとするでしょう。『学び合い』をはじめたとき、少なくない子が戸惑い、反発したかもしれません。それでもほとんどの子は私達を受け入れ、日常を過ごしていったはずです。
　信じましょう、目の前の子ども達を。最低限の学習規律に気を配ってさえおけば、次年度も大きく崩れることはないはずです。あとは、締めくくりに向かって、次に向かって語るだけです。

Point!

☐ 無理はしなくてよい。でも次に「つなげる」語りをする。

第3章　まとめる！　3学期　〜次の学年につなげる〜　117

次に向けて「語る」！

1 年間がおわり、子ども達を次のステップに送り出すときです。

私は締めくくりとして、必ず語っておくようにしていることがいくつかあります。

Point!

- □ 学校にはいろいろな先生がいること。
- □ やり方は違っていても、だれもが「みんな」を伸ばそうと考えていること。
- □ 次に出会う先生（達）は『学び合い』の形ではないかもしれない（そちらの可能性が高いかもしれない）こと。
- □ それでも「1 人も見捨てない」ということは、大切にしてほしいということ。
- □ 互いにつながり、支え合ってこれからも共に伸びていってほしいということ。

前にも述べたように、子ども達の多くは新しい環境に案外柔軟に対応できることの方が多いです。

ただ、もしかしたら中には『学び合い』の形にこだわり、従来型の学習に戻ることに失望や反発を覚える子もいるかもしれません。

それと同時に、別な教師が担任になることで救われる子がいるかもしれません。『学び合い』で無理をしていた子、無理とまではいかなくても従来型の授業の方が好きだというタイプの子がいるはずです。そのことは、私自身も忘れないでいたいと思います。

最後の子ども達への語りは、この 1 年間つながってきて感じたこと、周りの子の新しい面、普段の授業でいろいろなことを一緒に乗り越えた経験を活かして、ぜひともこれからもつながりつづけていってほしい、そんな願いを込めて次のように語るようにしています。

118

> 教師の語り
>
> 「進級おめでとうございます。この1年間は私にとって楽しいものでした。みなさんが普段の授業の中で1人も見捨てず、さまざまな課題を乗り越えようとする姿、乗り越えていく姿を見ることは私の喜びでもありました。
> 来年度、みなさんを担任するのがだれかはわかりません。おそらく、『学び合い』スタイルの授業ではない可能性の方が高いでしょう。
> もしかしたら『学び合い』の方がよかったと思う人がいるかもしれません。ただ、先生達はだれであってもあなた達のことを考え、伸ばそうとしています。
> いろいろな先生がいた方がよいのです。私のもとで苦しい思いをしていた人が、別な先生のもとでは救われるかもしれません。
> ただ、ここでみなさんにお願いがあります。『学び合い』の形で授業をすることはなくなっても、「1人も見捨てない」ことを忘れないでいてほしいということです。
> 1人も見捨てないことを大切にしていれば、自分が見捨てられないはずです。だから、どんな形で毎日を過ごすことがあっても、みんながつながっていくことは大切にしてほしいのです。
> みなさんなら、それができると思っています。
> 1年間ありがとうございました。
> みなさんのこれからに期待しています。」

このようなことを語って学級を閉じます。
　ここまで来てくどいようですが、教師の語りは時間厳守です。また、長過ぎてもいけません。1年間過ごしたことで、もしかしたら「はじめの語り」以上に語りたいことが出てきているかもしれません。それでも伝えたいことは、10分以内に収めましょう。そして、当日までにしっかりと練習し、最初に宣言した時間通りに語りおわりましょう。

「できたこと・できなかったこと」をふり返る！

　学級を閉じた後には、1年間をふり返って自分ができたこと、できなかったことを整理しておきましょう。

Point!

□ 「結局『学び合い』スタイルの授業はできなかった……。」

そういうときもあるでしょう。それでも、少なくとも『学び合い』の考え方にふれられたではありませんか。

Point!

□ 「単元１回（または週１回）の『学び合い』しかできなかった……。」

いいじゃないですか。少なくとも、何度も子ども達に任せるということは試みることができたのですから。

Point!

□ 「やってみたけど、やはり不安で単元そのものを任せることはできなかった……。」

そこまでできなくても十分です。少なくとも１年間『学び合い』をつづけてできた、という貴重な経験を積むことができたではないですか。

　１年がおわってふり返ってみたとき、もしかしたら従来型の授業でやってきた１年とたいして違わない、という思いを抱く人がいるかもしれません。それでも考えてみて下さい。

　「つらかったですか？」

　「しんどかったですか？」

　私自身がはじめて『学び合い』での１年間をおえてみて感じたことは、「今までのやり方とそれほど変わらないじゃないか。では、今以上に悪くなることはないよね。」

と、安心したものです。

　『学び合い』の１年間をどうにかでも乗り越えられたあなた。１歩をふみ出せたあなた。大丈夫です。２年目以降はできること、気づくことがもっと増えます。

　この１年の「まいにち」を足がかりにして、できることを増やしていけたら素敵ではないでしょうか。

『学び合い』当たり前リスト③

Point!

- [ ] 子どもに直接関わった後は、周りの子の動きに気をつける。離れてしまうようならその子達の関係を切ってしまったということ。(62)
- [ ] 子どもに直接指導することにした場合は、途中で近くの子にバトンタッチをしてみる。(62)
- [ ] 自分が凡人であることをわきまえる。自分にできることは限られている。だったら頼ればいい。1番の相手は目の前の子ども達。(63)
- [ ] 授業中に頭の中で所見を書いてみる。(75)
- [ ] クラスがうまくいっているとき、意識してほころびを探す。(85)
- [ ] クラスがうまくいっていないとき、意識してよいところを探す。(86)
- [ ] 「いいな」と感じたら早めに反応する。タイミングを逃すと言えなくなる。(87)
- [ ] 「よくないな」と思ったら、一呼吸おく。感情的に言ってしまうかもしれないから。(87)
- [ ] すぐに（テストなどの）結果が出なくても焦らない。その代わり止まらない。(88)
- [ ] 腹がくくれないのなら、『学び合い』をしない。中途半端な『学び合い』は子どもに迷惑。(89)
- [ ] 指示と支援は違う。指示は必ず徹底させるもの。支援は受け入れるかどうかを相手に委ねるもので押しつけてはいけない。支援を「受け入れるかどうかは自分で判断してよい」と子ども自身で思えるのが成熟している証拠。(93)
- [ ] 集団が停滞して見えて、変化をもたせたいときにはつぶやく。(100)
- [ ] 自分から人に声をかけづらい子は、そっと背中を押してみる。(101)
- [ ] 自分から人に声をかけづらい子を無理にどうしようとは思わない。周りの子に引っ張ってもらえばいい。(101)
- [ ] 子ども達を自分や『学び合い』の支持者にしても、信者にしない。(111)
- [ ] 自分とはあわない子もいるはずということを頭の隅に入れる。(118)

\ こたえる! /

Q&A

こんなときどうする!?

Q&A ①
漢字の指導はどうしていますか？

習熟する学習でも『学び合い』！

「漢字や計算の指導のような、習熟の必要なものはどうしていますか？」と、聞かれることがあります。

私自身は習熟が必要なものだからといって1人で取り組んだ方がよい、とは思っていません。周りのみんながやっているから自分もやる、という作用もあるからです。

漢字の指導ですが、当然国語の授業の中で行います。

授業のはじめの10分間ほどを、漢字の学習の時間としてとるのです。もちろん、『学び合い』の課題として提示します。

課題「P○〜P△までの新出漢字や新しい読み方の漢字を、みんなが正しく読んだり書いたりすることができる」

使うのは教科書や市販の漢字ドリルです。後は以下の2つのことを子ども達に伝えています。

Point!
- □ 書き順の通りに書くよう気をつけること。
- □ 1人ひとりが自分にあっていると思うやり方で覚えること。

書き順に注意して書かせるのは、漢字の間違いを減らすためと字形を整えるようにするためです。

やり方について話すのは言葉通り、覚え方は人それぞれだからです。くり返し書くことで覚える子もいるでしょうし、見るだけでほぼ覚えてしまう子もいるかもしれません。

やり方をそろえてしまうと、それにあわない子は苦しくなるだけです。宿題などでよくある「漢字練習ノートに1行練習する」こと自体を否定はしま

せんが、そのやり方があわない子にとっては、目的が「覚えること」ではなくて「1行うめること」にすり替わってしまいます。

その結果、漢字の一部分だけを上から下のマスまで一気に書き、残りの漢字の部分をまた上から下のマスまで一気に書いて「付けたし」て漢字を完成させる（「岩」を例にすると、上の部分の「山」だけを1行分書き、それが書きおわったら下の部分の「石」だけを1行分書くなど）といったことが起こるのです。

それぞれの漢字練習の様子を見ていると、いろいろなやり方があります。

黙々と漢字練習ノートにくり返し書く子、友達とクイズのように問題を出し合う子、2～3回ずつ練習する子、さまざまです。

単元の後半には、漢字練習の10分間の代わりに10問程度のミニプリントを出します。テストではないので、教科書・ドリルを見るのもあり、人に聞くのもありです。

ただし、約束事があります。

Point!
- ☐ 全員が正解の状態で提出すること。
- ☐ 大体の字形があっていればOKとする。「とめ」、「はね」、「はらい」といった細かいことは指摘しないこと。

みんなが正解であることを求めていないと、「自分ができたらおしまい」となってしまいます。そうすると子ども同士の交流が止まってしまいます。

交流が途切れずにつづいている状態では、子ども達は漢字の書き取りでも答えをそのまま見せるのではなく、ヒントを出すなどして説明の仕方を工夫するようになります。

また、字形の細かいことまで言い出すと、子ども達同士も「はねている・いない」などのささいなことにこだわり出します。それらは時間のむだですし、ただの「重箱の隅のつつき合い」になってしまいます。

Q&A ②
宿題をどうしていますか？

宿題することを前提に授業をしない！

　私自身は宿題を「家庭で学習する習慣を身につけるためのもの」だと考えています。子ども達にもそのように説明して出すようにしています。
　私が家庭学習（宿題）について、決めていることは1つあります。

Point!
☐ 家庭学習（宿題）をあてにしない。

　宿題で学習内容の定着を図ろうとするのは、少々無謀です。それは、子ども達の性格や生活状況などもさまざまだからです。毎日きちんと宿題に取り組む子もいれば、早く遊びたくていい加減にやってしまう子もいます。放課後は塾や習い事で、いっぱいいっぱいになっている子だっているでしょう。
　それなのに、一律で全員がやってくることを前提に宿題で定着を図ろうとすれば、当然のようにばらつきが出てくるのです。
　では、私が宿題としておもに出すのが、何かというと「予習」です。

Point!
☐ 算数なら「次の日にやるページの問題をやってみる」。
☐ 国語なら「文章を読んで気になったところをチェックする」。
☐ 社会や理科なら「よくわからなかったところをチェックする」。

　やってこなかったとしても、叱る必要はありません。やってくれば、授業の見通しがもてるようになり、自分が「得」をするということを伝えましょう。また、予習とは別に、「復習」的なプリントも出すことがあります。
　ただし、これらをやってくる前提で授業を組み立てることがないようにしましょう。あくまでも「得」だとおさえる程度にしておくのが大事です。

Q&A ③
ノート指導はどうしていますか?

ノート指導も『学び合い』!

　特別何かをしているわけではありません。ただ、『学び合い』をしていると教師は板書をほとんどしないので、子ども達が板書をノートに写す、という場面があまりありません。それでも、次の3つはリクエストしています。

Point!

- ☐ きれいな字を書かなくてもよいので、丁寧に書いてほしい。
- ☐ 間が詰まっていると読みづらいので、すき間を空けてほしい。
- ☐ ひらがなだけだと読みづらいので、習った漢字は使ってほしい。

　私の都合でこうしてほしい、と言っているので、指導というよりはリクエストです。
　それでも子ども達同士で、
「間が詰まっていて読みづらいよ。」
「この漢字習ったよ。使おうよ。」
というような会話が聞こえてくるようになります。

▶板書はたくさん書いてもこの程度の量。

　ただただ板書を写しただけのノートよりも、友達との交流をしたうえで自分なりにまとめやすい形にしたノートであれば、授業のときに自主的に見返すこともするようになるでしょう。
　これらを気をつけてもらうだけでも、十分にきれいなノートになっていきます。

▶実際の子どものノート。

Q&A ④ 発表する力はどうつけたらいいですか?

発表で台本は書かせない!

発表できるようにさせたいのなら、それも課題にすればよいのです。

課題『○○について、みんなの前で説明することができる』

最初にだれが指名されても発表できるようになっているように伝え、授業の最後に1人を指名してみんなの前で発表してもらうようにします。指名の仕方はネームタグを使って、くじ引きのようにしてもよいです。

発表ができればOKです。言葉に詰まるようなら、全体につぶやきます。

📢「困っているよ。」

そうすれば、何人かの子が前に出てきてその子をフォローするはずです。

📢「そうだね、困っていれば助ければいいんだよね。ありがとう。」

というように伝えるのと、同時に

📢「みんなは本当に説明できるの?」

と、投げかけましょう。

多くの場合、発表は考えの「交流」の場です。ただし『学び合い』をしている場合は、すでに交流は十分にしているはずなので、この場合の発表はみんなが課題達成できたかどうかの「確認」の場となります。もしすぐにできなくても、その場でフォローし合って、言えるようになればよいのです。

ただし、発表を課題達成の目安とするときには1点注意が必要です。

Point!

☐ ノートに自分の考えを文章として書くことを求めない。

文章として説明の「台本」を書かせてしまうと、ただそれを読むだけの発表になってしまいます。また、1人ひとりが台本を書くことばかりに集中してしまい、交流をしなくなってしまうことがあるからです。

Q&A ⑤ 時間がたりなくなりませんか？

1時間の中に、授業が収まらないときは？

『学び合い』で1時間の授業が時間内に収まらない、という場合は次のようなことが多いようです。

Point!

- □ 『学び合い』と「話し合い活動」を混同している。
- □ 「課題が達成できたかどうか？」の確認に時間をかけ過ぎている。
- □ 課題の「量」の設定が悪い。

『学び合い』を単なる話し合い活動の一種と混同していると、得てして授業の前半に教師が説明をして、「自力解決の時間」（自分の考えをもつためと言われます）を後に確保する構成になります。当然、子ども達の活動の時間は短くなりますよね。すると、課題の達成に時間のかかる子は、友達と関わる時間が短くなり、どうしても時間がたりなくなるのです。

Point!

- □ フルの『学び合い』では、せめて30分程度の活動時間は確保する。

また、課題が達成できたかを確認するために何人もの子どもに発表させるようなことをしていても、時間はたりなくなります。
「発表するのが1人だけでは、みんながわかったかどうかわからない。」という言い分はもっともなようにも聞こえますが、それを言い出すと学級全員に発表をさせる必要が出てきます。残りの子がわかったかどうかを教師が直接確認できないという点では、40人中1人に確認するのも、5人に確認するのも同じです。

そのようなたしかめは子ども達のためにやっているというよりは、教師自

身が自分を安心させるためにやっているのです。「むだ」とまでは言いませんが、時間がもったいないように思えます。

学期末に時間数がたりなくなってしまうときは?

学期末が近づくと時間がたりなくなってしまっている、そういう人もいるようです。次のようなことはないですか?

Point!

☐ 単元の内容が理解しきれていない子がいて、時間を延ばしてしまう。

これは単元に入る前の教師の見通しが甘いということです。『学び合い』に限らず、授業は単元がはじまる前に見通しをもつ必要があるはずです。

そもそもそのときどきで時間を延ばすくらいなら、学期末や年度末にあらためて学び直す時間をとるつもりで、まずは計画通りに授業を進めた方がよいでしょう。

Point!

☐ 「自分で教えるのなら自分で教える、子どもに任せるのなら子どもに任せる」というメリハリをつける。
☐ 「単元計画」に時間をかけて「見通し」をもつ。
☐ 「自分の安心のためにやっている活動」なのか、「子ども達にとって必要な活動」なのかを自分の中で整理する。

先述した「1時間の中に収まらない」とも重なるところもありますが、これらを事前に考えて意識しておくことが、時間の管理には必要です。

また、「自分で教えた方が…」と考えるのならば、単元計画のときに「自分で教えることを中心にする日」と「子ども達に任せる日」とを分けておいた方がよいでしょう。そうでないと授業が中途半端におわるだけでなく、授業のたびに1時間の時間管理に追われることになり、自分の負担が増していくだけです。

教師に負担感が募るようでは、つづけることができなくなります。

Q&A ⑥ 効果的な言葉かけ、声かけ、語りはありませんか？

効果的な言葉をできる限り、見つけやすくするポイント！

「効果的な言葉かけ、声かけ、語りはありませんか？」
と聞かれることがあります。

身もふたもない答えになりますが、

「そんなものがあるのなら、私が知りたいです！」

万人に対して効果のある言葉などというものは、あるはずがないのです。

語りにしても、声かけ・言葉かけにしても、目の前の子ども達と自分で試行錯誤していくしかありません。本書でもいくつかの例は示していますが、それが必ずみなさんの現場でうまくいくとは限りません。

魔法の言葉などないのです。

ただ、以下のことをおさえておけば、効果的な言葉をより見つけやすくなるかもしれません。

Point!

- □ 「これくらいはできて当たり前」とは思わない。
- □ 「いいなあ」、「すごいね」、「ありがとう」を言ってみる。
- □ 子ども達の近くからだけではなく、少し離れたところから大きめの声でつぶやいてみる。
- □ 「人まね」をしてみる。

「これくらいはできて当たり前」と頭から決めつけてしまっていると、授業中の「子ども達のよいところ」がどんどん素通りしていくことになります。「できて当たり前」と思えるようなことでも、『学び合い』をはじめた頃であれば「できたこと、すごいこと」として、少し大げさなくらいにでも受け止めるようにしましょう。

その際に「いいなあ」、「すごいね」、「ありがとう」はとても便利な言葉です。言われて嫌になる場合は、それほど多くはありません。

　本来なら「いいなあ」も「すごいね」も「ありがとう」も何に対してのものなのかが大切ですが、「何に対して」が抜けていても「先生がほめている」、「喜んでいる」、「感謝している」ということは伝わります。

　このとりあえずの「いいなあ」、「すごいね」、「ありがとう」は、子どものためと同時に、またはそれ以上に教師の「ほめる」、「感動する」、「感謝する」ことの練習になります。

　まず、『学び合い』初期では、集団を見ていて感じたことを全体に向かって声に出すことに慣れるところからはじめる必要もあるのです。

　そして、これらの便利な言葉は、子ども達から「少し離れた」ところから、「大きめの声」でつぶやいた方がよいです。

Point!

　□　近くで言うと、対象が限られることになる。
　□　離れたところから大きめの声で伝えると、全体に広がりやすい。

　この言葉で少なくとも「先生がいいと思っている（感謝をしている）ことが、今クラスに起きている」ということをアナウンスできます。

　また、本に書いてあったり、先達に教えてもらったりした言葉がけや語りは積極的にまねをしてみましょう。

　「この言葉をかければ絶対に子どもに伝わる。」
と安易に考えることはしてはいけませんが、少なくともうまくいった例ではあります。どんどん使ってみて、自分なりに手応えのあるものを残していけばよいのです。

Q&A ⑦
机の配置はどうしていますか？

机の配置も教師からのメッセージである！

　私は机の配置自体には、特にこだわりはありません。多くの教室の場合と同じで、基本は黒板の方を向いている「よくある形」です。

　もちろん、私が指示して変えるまでもなく、変えたくなったら、子ども達が自分達で変えます。

　何か特定の形に教師が指定するということは、教師の意図があるということを意味します。場合によっては、その意図に子ども達が縛られてしまうことにもなりかねません。

　机の配置に限らず、教室環境を「よくある形」にしないのであれば、「なぜそれをするのか？」、「それをすることがどのような効果につながるのか？」をよく考えた方がよいと思います。

　教室の環境設定も発問や板書、つぶやきや語りと同じです。「課題を適当に設定しますか？」、「つぶやきを何となくでやりますか？」ということです。

　机の配置の方針で私が気をつけているのは、以下の2つです。

Point!

- [ ] 教師が子ども達の邪魔をしない。
- [ ] 授業がおわれば、一旦もとの配置に戻す。

　学習を進めていく中で、子ども達は自分たちのやりやすいように机を移動させます。教師はそれを邪魔しないようにします。ただし、授業がおわればもとの形に戻すように言います。その配置は、この時間には有効だったかもしれませんが、次の時間も同じように有効だとは限らないからです。

　もしも、次の時間でも必要だと子ども達が感じたなら、そのときにまたその形をつくればよいのです。

第4章　こたえる！　Q&A　こんなときどうする!?

子どもに『学び合い』を拒否されているときは？

2つパターンがあり、どちらが原因なのかによって対策が変わります。

Point!

- ☐ 特定の子どもに拒否されている。
- ☐ 一定以上の集団に拒否されている。

「特定の子どもに拒否されている」のであれば、その子との縦糸づくりに失敗しているということです。拒否されているのは『学び合い』ではなくて、「あなた」自身です。「要注意！失敗する『学び合いとは？』」（61ページ）や「チェックしてみる！①・②・③」（64、85、108ページ）を参照してみて下さい。大切なのは、状況を一気に好転させることを望まずに、それ以上悪化させないことを目指しましょう。

「一定以上の集団に拒否されている」ということは、『学び合い』が失敗しているということです。子ども達に謝って「語り」からやり直しましょう。もしくは、フルの『学び合い』をしているのなら、単元1回、週1回の『学び合い』からやり直した方がよいです。

保護者が認めてくれないときは？

保護者が認めてくれない場合も『学び合い』そのものというよりも、それをやっている教師が認めてもらえていないと思います。

この場合はまず、その保護者の子どもと自分がうまくいっているかどうかを考えて下さい。大抵の保護者は子ども自身が学校生活に満足していれば、教師のやっていることにいろいろ言ってくることはありません。

いずれにせよその声が少数派ならば、

- [ ] そのことに一喜一憂しない。
- [ ] 好転させるのではなく、悪化させない。

これらのことが大切です。

管理職・同僚が認めてくれないときは？

管理職・同僚が『学び合い』を認めてくれない場合は、次のことが考えられます。

- [ ] 管理職・同僚が『学び合い』を理解していない。
- [ ] 周りに不安をあたえている。

現在は、私が『学び合い』をはじめた頃よりかはずいぶんと状況は変わってきたとは思いますが、いまだに「教師が説明をしない」、「板書をしない」、「子どもが授業中に立ち歩く」という形に抵抗を示す人はいるものです。

同僚はともかく、校長が自分のやり方を押しつけるようなタイプであった場合は、残念ながら「隠れキリシタン」状態にならざるを得ません。そんなときは、単元1回や週1回といったイベント的な『学び合い』を進める方向でしのいだ方がよいです。

仮にフルの『学び合い』ができなくても、『学び合い』の考え方自体をちゃんと意識しつづけていられれば、少なくとも子どもを傷つける教師になることはありません。

『学び合い』自体は至極まっとうな考え方からできています。「1人も見捨てない」ことを否定する教師もいないと思います。また、「子どもの活動が多く」、「教師の話が少ない授業」は一般的にもよい授業とも言われることが多いです。

それでも表面的な『学び合い』の形はほかの教職員から見ると極端に映るのかもしれません。成果を「出す・出さない」に関係なく周りに不安をあたえてしまっては取り組みを認めてもらうのは難しくなってしまうでしょう。

周りに不安をあたえていては、自分が不利になるのです。

Q&A ⑨ 周りを不安にしないためには、どうしたらいいですか？

『学び合い』実践者だからこそ協調性をもつ！

前項で話したように、周りに不安をあたえてしまっては『学び合い』（に取り組むあなた）を認めてもらうのは難しいでしょう。

周りに不安をあたえないためには、次の２つのことに注意するべきだと私は考えています。

Point!
- □ 『学び合い』と従来型指導の対立構図をつくらない。
- □ 学校の決まりごとはできる限り守る。

周りの先生方は敵ではありません。
協調性をもち、自ら歩み寄る姿勢が『学び合い』実践者には必要です。

『学び合い』と従来型指導の対立構図をつくらない！

過去の自分を自戒する意味もありますが、『学び合い』の考え方に立つ人の中には「意識する・しない」に関わらず、従来型の授業を（またはその実践をする人を）『学び合い』の敵であるかのようにとらえる人がいるように思います。

これは非常に残念なことです。

授業をはじめ、さまざまな取り組みは人が行うのです。優れていたり、課題があったり、すてきだったり、だめだったりするのはすべて「わたし」や「あなた」なのです。

また、学校は多様性を確保する場でもあります。子どもがいろいろであれば教師もいろいろなのです。

学校の決まりごとは、できる限り守る！

　教師は組織に属する人間です。ですから、そこで決まった「決まりごと」はできる限り守りましょう。

　しかし、「学校での決まりごと」の多くは「教師の都合」である場合が多いです。『学び合い』の考え方に立つと、さして必要ではない「決まりごと」もたくさんあると思います。

　たとえば、授業で「手をまっすぐに挙げる」ことをしなくても授業は進みますし、ずっと「よい姿勢」で座っている必要もありません。

　ただ、その決まりがないと困る同僚もいるわけです。

　もちろん、それらの決まりが全体で検討されるときには、しっかり自分の意見を述べればよいでしょう。

　ですが、１度決まった決まりごとをないがしろにしたり、軽んじたりするようでは、単なる「秩序の破壊者」や、「へそ曲がり」に過ぎません。

　以下のように私は考えるようにしています。

Point!

- □ 「よい姿勢で授業を受ける」という決まりがあるのならば、せめて話を聞くときには姿勢を正すように指導する。
- □ 「机の上の物（筆箱・教科書など）の置き方」が決まっている場合には、「筆箱は決められた通り置きなさい。」と指導しづらくても、「筆箱をこのように置くと、机から落ちにくくていいね。」という言い方で指導する。

　自分が「むだだな」とか「よくないな」と思える決まりごとに無理にあわせることはしなくてもよいと思います。ただ「何とか折り合いをつけられる」着地点を目指すことは必要なのです。

　そうすることで、あなたの周りの人も自分に対して「折り合い」をつけてくれる場面が出てくるのではないでしょうか。

Q&A ⑩ 『学び合い』で「まいにち」過ごせました!

『学び合い』関連の書籍に再度目を通そう!

　『学び合い』を1年間実践できると、ある程度の自信がつきます。それは大切なことです。その自信を足がかりにして、次年度以降も新たな挑戦をしましょう。

　ただ、その前に今までに読んだ『学び合い』関連の書籍に目を通し、さらに二読、三読しておくことをおすすめします。もちろん、本書もくり返し読んでいただければ嬉しいです。

　『学び合い』の実践をした後で本に目を通すと、それまで何となく読み飛ばしていたところや意味のわかりにくかったところ、それほど重要だとは思えなかったところなどが、実感をともなって読めるようになってきます。

　「あのとき悩んでいたことの答えは、こんなところに書いていたんだ……。」と、気づくことが1度や2度ではないはずです。

　私自身、『学び合い』を何年つづけていても、はじめて読んだ「『学び合い』の手引き書」を3月に毎年読むようにしています。読むたびに「ああ、そうなのだ……。」と思い当たることがあるのです。

　くどいようですが、『学び合い』関連の書籍はくり返し読んだ方がよいです。困っているときはもちろんですが、うまくいっているときでもです。

　ただ、うまくいっているように思えるときにはなかなか読まないものです。だからこそ、1年間のおわりには自分の今年の実践をふり返りながら、必ず目を通してほしいのです。

　きっといろいろと思い当たることがあるはずです。それが自分自身を少しずつでも、さらにステップアップさせてくれます。

おすすめ書籍一覧

『学び合い』関連の書籍はここ数年で随分とたくさん出てきました。
ここでは、その中からいくつかだけですが紹介いたします。

Point!

● **クラスがうまくいく！ 『学び合い』ステップアップ**
（西川 純著、学陽書房）

　　はじめて『学び合い』に取り組もうという方は必ず目を通して
おいた方がよい本です。

　　テクニック的なこと、大切にした方がよい考え方がたくさん盛
り込まれています。入門編としては最適な1冊だと言えます。

● **サバイバル・アクティブ・ラーニング入門（THE 教師力ハンドブック）**
（西川 純著、明治図書）

　　アクティブ・ラーニングがなぜ必要とされるのか、についてデー
タをもとに説明されています。

　　本書を読んでこれからの日本で起こることを考えると、子ども
達に向き合う姿勢が変化するのでは、と思えます。

● **すぐ実践できる！　アクティブ・ラーニング　高校国語**
（今井 清光・沖 奈保子著、学陽書房）

　　高校とタイトルについていますが、小学校・中学校の先生も目
を通すことをおすすめします。国語の課題づくりの参考になるだ
けでなく、『学び合い』で疑問に思われること、誤解されがちなこと
についてとても的確に、そしてわかりやすく説明をされています。

● **子どもの心をつかむ！指導技術「ほめる」ポイント「叱る」**
ルール あるがままを「認める」心得　　（南 惠介著、明治図書）

　　『学び合い』の本とは言えませんが、『学び合い』にとっても大
事な「ほめる」「叱る」「認める」についてまとめられています。
これらは、ベテランでも難しいものですが、本書はそれらの大切
なポイントをわかりやすく、的確に説明してくれています。

139

『学び合い』フローチャート

❗「ありがとう」も大切です。クラスのために汗を流している子どもを見つけたら、認めて感謝しましょう。逆にそれをしないとクラスが崩れる可能性があります。

❗1人学びも認めましょう。子ども達を無理やりつなげる必要はありません。その子が助けを必要としているようなら、クラス全体につぶやきましょう。

❗結果が出ていなければ、何かしら原因があるはずです。一切問題のないクラスというのもありえません。

『学び合い』スタート！

「はじめの語り」

授業中の子ども集団を見取る
・前や後ろ、横から
・ビデオに撮る

結果が出ているか？
・交流はあるか？
・課題は達成できているか？
・テストの点は？

No

気になるところがあるかどうか？

Yes

No

Yes

❗語りは、10分以内に収め、時間を宣言して行いましょう。1度でうまくいかなくても、折にふれて、くり返し語れば大丈夫です。

❗『学び合い』が安定してきたら、課題を工夫するなど、常に子ども達のできるギリギリをねらいましょう。

❗うまくいっていても気を抜きません。

子どもには授業途中・最後にフィードバック

❗子どもに評価を返しましょう。『学び合い』においての教師の重要な役割の1つです。

週イチやスポットでの『学び合い』に切り替える

もう1度、語り直して仕切り直す

No

❗やり直すことになった後でも『学び合い』が安定し、自信がもてるようであれば、フルの『学び合い』にもまた挑戦しましょう。

Yes

自分も子どもも『学び合い』に再挑戦できる状態か？

❗壁に当たり『学び合い』の授業に戻れない年もあると思います。そういうときは本を読んだり、外に学びに出ましょう。同じような悩みを抱えている人が必ずいます。次年度に活かせるよう何が悪かったのか、次はどうするのか、などを考えましょう。

『学び合い』は常に見取りと評価をくり返しましょう。くり返すことで、自分の実践や考え方、子ども達の様子から何かが見えてくることもあります。それらは、今すぐ対処しなくてよいものもありますが、「はじめから、まったく見えていない」のか、「見えているけれど、まだ対処しない」のかでは大きな違いです。

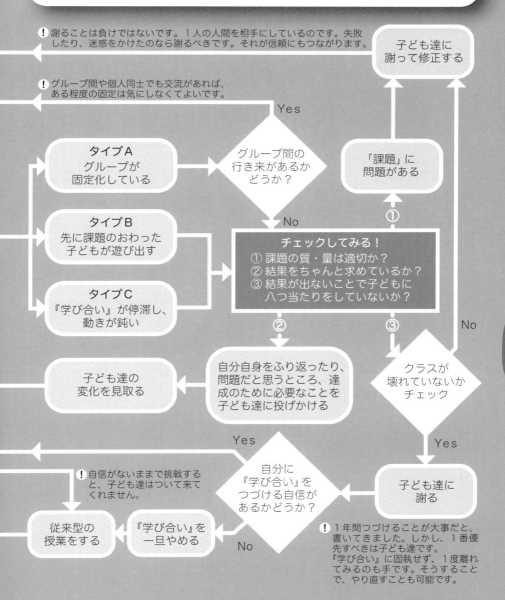

あとがき

　「本を書く」ということを自分がやるとは思いませんでした。
　この本はある友人にすすめられ（そそのかされ？）て書きはじめたものです。
　その友人は、僕がそれまでの人生で一番トンネルの中に入り込んでしまい、もがき苦しんでいたときに手をさしのべてくれた人でした。
　その人がすすめたのでなければ、本を書くなどという恐れ多いことはしなかったでしょう。私自身には、本を書くような多くの優れた実践者のような実力があるとは、いまだに思えてはいないからです。

　思えば、私はとても幸運だったと思います。
　『学び合い』に出会ったのは、年齢的には中堅といったところでした。そのためもあってか、『学び合い』スタイルで授業をすることに対して、頭ごなしに否定されるということがあまりありませんでした。
　管理職にも、おおむね恵まれました。全員とまでは言えませんが、温かく見守っていただけたのです。
　保護者の方にも、おおむね好意的に見ていただけました。子ども達にしっかり力がついていることを見せられたからだと思います。
　そして何より、毎年のように子ども達に恵まれました。
　そういう意味では、私が『学び合い』の考え方に立った実践を今までつづけてきて、大きな挫折をすることなくここまで来られたのは、運のよさのおかげなのかもしれません。
　私が『学び合い』をはじめた10年前とくらべると、『学び合い』を取り巻く状況はずいぶんと変わってきました。

以前は『学び合い』の会などで受ける質問の内容が
「『学び合い』って、いったい何？」
といったものから、はじまったものです。
　しかし、今となっては、
「○○なときには、どうしていますか？」
「△△ということがあったのですが、どうしたらいいですか？」
という、より具体的なものに変わってきたのです。
　それだけ『学び合い』が多くの人に認知され、実際に取り組まれてきているということでしょう。

　『学び合い』は、とてもシンプルです。ただ、シンプルにやろうとすると、おもに自分自身の中に乗り越えないといけないものがたくさん出てきます。
　「『学び合い』は考え方だ」と西川純先生は言われています。そのことが取り組む前から腑に落ちている人もいると思いますが、多くは「わかった気」になって取り組んでいるだけなのではないでしょうか。少なくとも、昔の私はそうだったと思います。
　実践をつづけていくうちに「ああ、そういうことだったんだ」と気づくことがある。私の場合はそうでした。
　何度も言うようですが、「つづけること」で見えてくることがあり、気づくことがあります。そのためには、フルの『学び合い』でなくてよいので、少しずつでも実践を積み重ねていっていただきたいです。
　この本があなたにとって、「つづけて」いくための一助になれば幸いです。

2018年1月30日　川西弘幸

【著者】
川西　弘幸（かわにし・ひろゆき）
1968年島根県生まれ。
岡山県公立小学校教諭。

10年ほど前に『学び合い』と出会い、それ以来実践をつづける。
岡山で『学び合い』の会を主催し、各地の研修にも参加している。

「クラスがうまくいく！『学び合い』ステップアップ」（西川純〔著〕、
学陽書房）、「THE『学び合い』」（「THE 教師力」シリーズ」）（「THE 教
師力」編集委員会〔著〕、今井清光〔編〕、明治図書）などにて一部
執筆。

この1冊で、始められる！　深められる！
まいにち！『学び合い』

2018年3月30日　第1刷発行
2018年6月30日　第2刷発行

著　者　川西弘幸　©2018
発行者　面屋龍延
発行所　フォーラム・A
〒530-0056　大阪市北区兎我野町15-13
TEL　06(6365)5606
FAX　06(6365)5607
振替　00970-3-127184

デザイン　ウエナカデザイン事務所
印　刷　尼崎印刷株式会社
製　本　有限会社立花製本
制作編集担当　田邊光喜

ISBN978-4-89428-948-2　C0037
乱丁・落丁本は、送料小社負担にてお取り替え致します。